Die Deutsche Bibliothek – CIP-Einheitsaufnahme

Buzan, Tony

Business Mind Mapping®: visuell organisieren, übersichtlich strukturieren, Arbeitstechniken
optimieren / Tony Buzan; Vanda North. – Wien: Wirtschaftsverlag Ueberreuter, 1999

ISBN 3-7064-0577-6

Titel der Originalausgabe: Business Mind Mapping®

Copyright © Buchagentur Hubert Krenn, Tony Buzan, 1999

Gesamtproduktion: Buchagentur Hubert Krenn

Die abgebildeten Business Mind Maps® wurden uns von den jeweils genannten Personen
für die ausschließliche Verwendung in diesem Buch zur Verfügung gestellt. Jede Verwertung
außerhalb des Urheberrechts ist unzulässig.
Illustrationen: Robert Rottensteiner
Grafik: Barbara Schneider-Resl
Fotos: Photodisk
Umschlag: Buchagentur Hubert Krenn unter der Verwendung eines Bildes von Sonja Priller

S 0495   1 2 3 / 2001 2000 1999

Printed in Austria

Tony Buzan   Vanda North

Business
Mind Mapping®

visuell organisieren

übersichtlich strukturieren

Arbeitstechniken optimieren

Konzept und Redaktion:

Dietmar Schobel

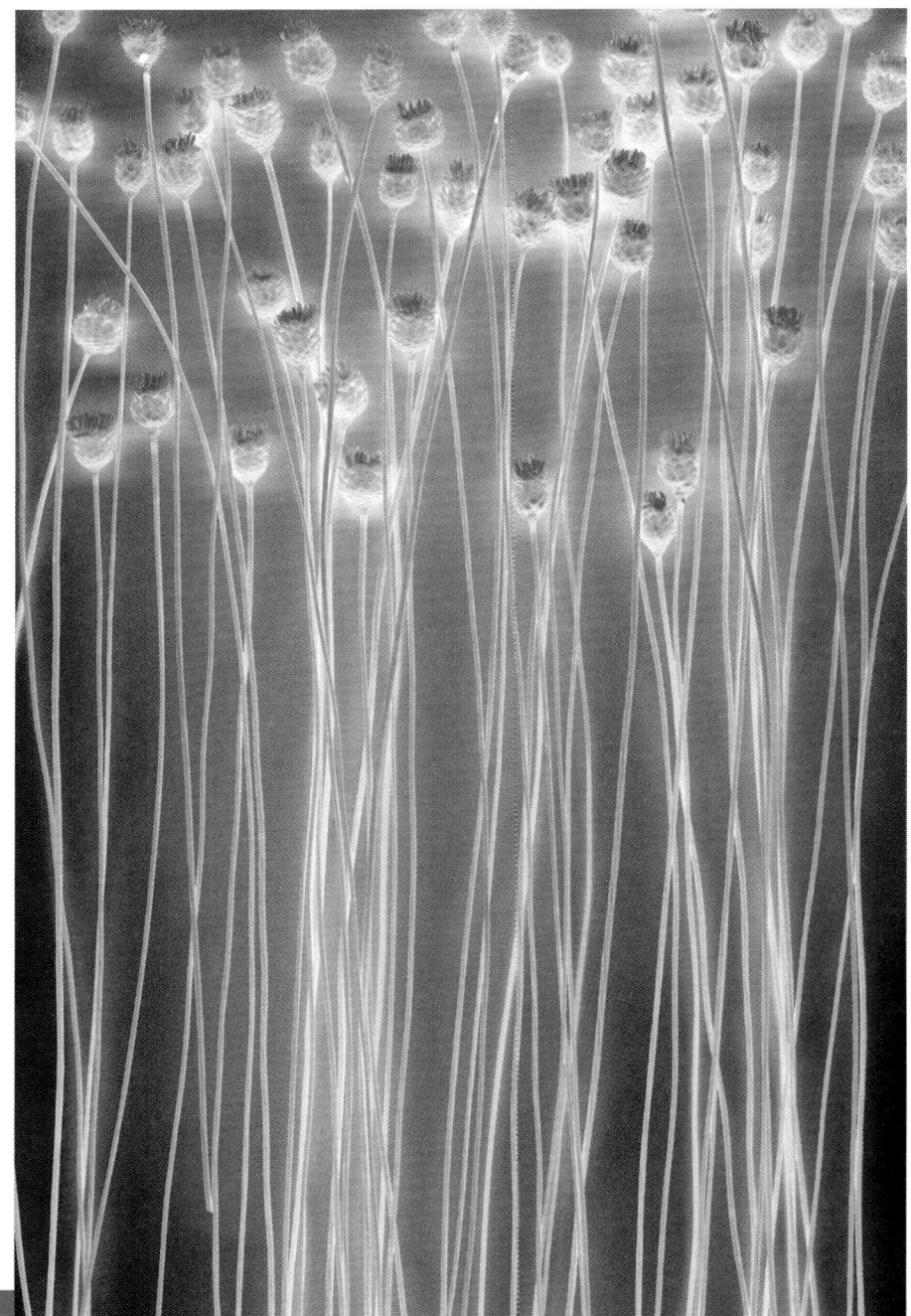

Mit Business Mind Mapping® machen Sie mehr aus Ihrem geistigen Potential

Versuchen Sie einmal sich vorzustellen, daß es Elektronikexperten und Softwarespezialisten in näherer Zukunft gelingen könnte, einen „Supercomputer" zu entwickeln. Ein technisches Meisterstück, das alle heutigen Computer wie eine Erbse in Relation zur Erdkugel aussehen lassen würde.

Stellen Sie sich vor, daß diese Mega-Maschine nicht nur mit allen Rechenarten vertraut wäre, sondern auch drei Sprachen fließend beherrschen sowie riesige Informationsmengen speichern und in zahlreichen Zusammenhängen gezielt wiedergeben könnte. Der Supercomputer des 3. Jahrtausends könnte auch aus Erfahrung lernen und so laufend bessere Programme für sich selbst entwickeln, andere Computer programmieren und bedienen oder Bücher lesen und das neue Wissen in Relation zum bestehenden setzen.

Er könnte außerdem kreativ und zielgerichtet denken und so auch ohne Input von außen Neues schaffen, selbst seinen Zeitplan gestalten sowie in verschiedenen Sprachen mit Menschen kommunizieren. Er könnte sich sicher in einem Büro bewegen und sich sogar in verschiedensten Staaten räumlich orientieren.

All diese Leistungen würden jedoch nicht auf der Basis von unzähligen neuentwickelten Superchips funktionieren, sondern mit nur rund 10^{11} Chips und der Möglichkeit zu zahlreichen parallelen Schaltkreisen für diese. Diese Konfiguration würde der Mega-Maschine zudem erlauben, in den meisten „tierischen" Sinnesbereichen wie Sehen, Hören, Riechen, Tasten oder Bewegung zu funktionieren. Sie wäre unabhängig von Elektrizität und könnte potentiell nahezu unendlich viele „intelligente Denkmuster" entwickeln.

Vielleicht haben Sie, während Sie sich diesen Supercomputer vorstellten, bereits selbst eine naheliegende Möglichkeit dafür gefunden, wie er wohl heißen könnte? Die Antwort lautet: das menschliche Gehirn.

Kapitalfaktor Intelligenz. Man könnte unsere grauen Zellen also als eine Art „Biocomputer" mit nahezu unbegrenztem Potential betrachten. Es kommt nur darauf an, dieses auch richtig umzusetzen. Welch große Rolle die richtige Nutzung von mentalen Kapazitäten speziell im Wirtschaftsleben spielt, hat inzwischen sogar schon in den Börsenkursen Niederschlag gefunden. So wachen etwa amerikanische Aktienanalysten schon seit den frühen 90er Jahren mit Argusaugen darüber, ob die besten Köpfe in Silicon Valley oder anderen Gebieten mit einem hohen Anteil von „Intelligenz-Kapital" womöglich gerade von Firma A zu Firma B wechseln wollen.

Der schwedische Versicherungskonzern Skandia gibt dem mentalen Potential des Unternehmens sogar so hohe Bedeutung, daß es im Jahresbericht einen eigenen Abschnitt mit dem Titel „Intellektuelles Vermögen" gibt. Der hohe Stellenwert der „geistigen Stärken" einer Firma zeigt sich auch in einer Erhebung der englischen Manpower Services Commission, die gezeigt hat, daß von den bestbewerteten zehn Prozent der britischen Unternehmen 80 Prozent nennenswerte Beträge in Personalentwicklung und Weiterbildung investieren. Bei jenen zehn Prozent der Betriebe im Vereinigten Königreich, die am schlechtesten bewertet wurden, beträgt der entsprechende Anteil null Prozent.

Defizite in Firmen? Haben Sie selbst schon in ausreichendem Ausmaß darüber nachgedacht, welche Rolle die Nutzung des geistigen Potentials in Ihrem Unternehmen spielt, oder ob Sie Ihre eigenen mentalen Stärken auch optimal umsetzen können? Untersuchungen von Experten aus den Bereichen Consulting und Coaching zeigen, daß in den meisten Unternehmen und bei zahlreichen Managern noch hohe Potentiale für Effektivitätsverbesserungen bei geistigen Aktivitäten vorhanden sind. Das ergibt sich unter anderem aus folgenden Studienergebnissen:

◆ Leitende Angestellte und Manager verwenden durchschnittlich 30 Prozent ihrer Zeit dafür, zu lesen und

Informationen zu sortieren. 80 Prozent der erfaßten Daten und Fakten werden jedoch innerhalb von 24 Stunden wieder vergessen.

◆ Leitende Angestellte und Manager nutzen durchschnittlich 20 Prozent ihrer Zeit dafür, Probleme zu lösen und kreativ zu denken. Über 90 Prozent unter ihnen haben jedoch niemals an Unterrichts- oder Trainingsmaßnahmen für diese Tätigkeitsbereiche teilgenommen.

◆ Leitende Angestellte und Manager setzen durchschnittlich 20 bis 30 Prozent ihrer Zeit für mündliche oder schriftliche Kommunikation ein. Der Großteil unter ihnen hat dabei jedoch mit Problemen zu kämpfen. Empfindungen wie Langeweile, Unsicherheit oder Angst sind weit verbreitet.

◆ Unternehmen, die eine Million D-Mark für Trainingsmaßnahmen ausgeben, verlieren 900.000 D-Mark davon innerhalb einer Woche nach Beendigung der Weiterbildungsaktivitäten. Die Gründe liegen darin, daß bei den meisten Seminaren auf die natürliche Funktionsweise des Gehirns keine Rücksicht genommen wird. In aller Regel werden keine Methoden angewandt, die sicherstellen, daß die Trainingsinhalte tatsächlich erlernt, erinnert und umgesetzt werden.

Geistiges Potential verwerten. Mit dem Konzept des Business Mind Mapping® steht Ihnen eine Methode zur Verfügung, die Lern- und Gedächtnisleistungen sozusagen „bereits impliziert". Mit dieser Notiz- und Merktechnik können Sie eine Art „geistiger Landkarten" anfertigen und

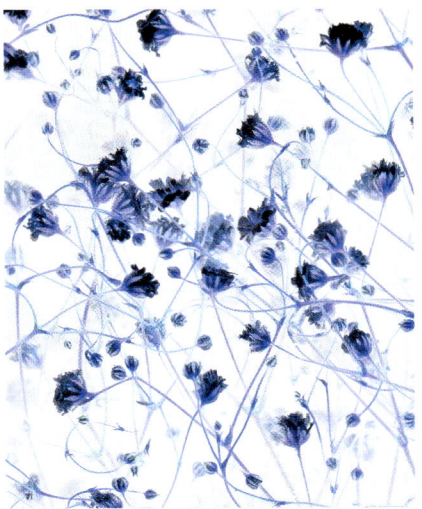

all ihre Ideen, aber auch Gedanken von anderen besser organisier- und erinnerbar machen. Business Mind Mapping® ist speziell deshalb so gut für alle mentalen Aktivitätsbereiche geeignet, weil sich seine Grundprinzipien an der natürlichen „Architektur" und Funktionsweise des Gehirns orientieren. Es erlaubt Ihnen, Ihr geistiges Potential in verschiedensten Tätigkeitsbereichen optimal umzusetzen.

**Mit Business Mind Mapping®
können Sie beispielsweise**

● Diskussionen, Verkaufsgespräche
oder Interviews in wenigen Minuten
vorbereiten,

● Produkte oder Projekte planen,

● schwierige Entscheidungen rasch
treffen,

● Probleme in sämtlichen Unternehmensbereichen einzeln oder im
Team lösen,

● in kurzer Zeit erfolgreich Referate
gestalten,

● Informationen jeder Art selektieren,
verwalten oder erlernen,

● Meetings organisieren und ihre
Dauer auf ein Fünftel der bislang üblichen Zeit verkürzen,

● neue Strukturen erarbeiten,

● Ihre Konzentration verbessern,

● Zeitplanungen effizienter und über-
sichtlicher gestalten,

● das kreative Denken anregen und
die Zukunftsziele eines Unternehmens
neu definieren.

Ein Beispiel für die Vorteile von
Business Mind Mapping® ist auch die
Tatsache, daß zwischen zehn und
1.000 Seiten Text als Business Mind
Map® auf einem einzigen großen Blatt
zusammengefaßt werden können. Mit
dieser Methode können Sie im Berufs-
leben, aber auch im Alltag viel Zeit
sparen sowie effizienter und erfolgrei-
cher agieren.

Weltweite Verwendung. Mit der
Entwicklung von Mind Mapping® als
Lerntechnik habe ich bereits während
meiner Studienzeit begonnen. In den
vergangenen 30 Jahren sind in über
100 Ländern auf fünf Kontinenten
Buzan Centres entstanden, die sich
mit der Weitervermittlung dieser
Methode beschäftigen. In der täglichen Arbeitspraxis hat sich gezeigt,
daß speziell im Geschäftsleben laufend neue Anwendungsformen für sie
erarbeitet werden können.

Das im vorliegenden Buch präsentier-
te Konzept des Business Mind
Mapping® ist mit heutigem Wissens-
stand die Essenz unserer jahrzehnte-
langen praktischen Seminar- und
Forschungsarbeit in und für Unternehmen. Auf den folgenden Seiten
soll Ihnen die von uns entwickelte
Technik auf leicht verständliche und
einfach umsetzbare Art vermittelt
werden.

Beispiele aus Unternehmen. Zudem enthält das Buch zahlreiche Anwendungsbeispiele, an denen Sie sehen können, wie Business Mind Mapping® in verschiedensten Firmen eingesetzt wird – von der Lösung von Steuerproblemen bis hin zur Neudefinition der Zukunftsziele eines Betriebes. Immerhin verwenden bereits zahlreiche der Top-500-Unternehmen der Welt, wie etwa IBM, Electronic Data Systems (EDS) und die Digital Equipment Corporation, diese neuartige Denk- und Managementtechnik.

In unserer Zeit, die von Informationsüberflutung und laufend wachsenden intellektuellen Ansprüchen geprägt ist, ist Business Mind Mapping® für viele Manager zu einem unentbehrlichen Hilfsmittel bei der täglichen Arbeit geworden. Es kann in allen Tätigkeitsbereichen eingesetzt werden – von Verkauf, Marketing, Management, Finanzen oder Personalentwicklung bis hin zu Logistik, Recht, Informationstechnologie oder Wissensmanagement.

Business Mind Mapping® wird von Menschen jeder Hautfarbe und von Männern ebenso wie von Frauen verwendet. Es wird von Personen mit unterschiedlichstem Ausbildungsniveau und verschiedensten beruflichen Positionen eingesetzt. Business Mind Maps® sind nicht nur ein Denk-

instrument, sondern können Ihnen auch dabei helfen, Stress zu reduzieren. Betrachten Sie die folgenden Seiten bitte als Schritt-für-Schritt-Einführung in das erfolgreiche Management Ihrer fast unbegrenzten geistigen Kapazität und haben Sie Spaß dabei.

Ihr

Tony Buzan

ÜBERBLICK

Vorab eine Übersicht darüber, wie dieses Lern- und Übungsbuch gestaltet ist, und seine einzelnen Abschnitte Sie Schritt für Schritt zu einem Experten für Business Mind Mapping® machen können:

● Im ersten Kapitel werden Sie angeregt, die Probleme zu definieren, die Sie bei Denkprozessen haben, und Zukunftsziele für sich zu definieren.

● Anschließend erfahren Sie die wichtigsten Fakten über die Funktionsweise des Gehirns und die Bedeutung der in der linken und der rechten Gehirnhälfte dominanten Fähigkeiten.

● Als nächster Schritt werden Sie mit den grundlegenden Gesetzen des Business Mind Mapping® vertraut gemacht und können mit Übungsanleitungen selbst diese Technik erlernen.

● Sodann finden Sie Antworten auf die 22 am häufigsten gestellten Fragen zum Thema Business Mind Mapping®.

● Die grundlegenden Anwendungsformen von Business Mind Maps® werden dargestellt. Sie können damit eigene Gedanken erfassen, nach etwas Übung können Sie Business Mind Maps® aber auch für Mitschriften von Ideen anderer verwenden.

● In allen folgenden Abschnitten werden elaboriertere Beispiele für Anwendungsformen von Business Mind Maps® präsentiert. Zunächst werden die Bereiche „Entscheidungen treffen" und „Probleme lösen" vorgestellt. Zudem werden dazu Praxisbeispiele aus Unternehmen gezeigt.

● Anhand von weiteren Business Mind Maps® aus renommierten Firmen sehen Sie sodann Management-Anwendungen – von der Optimierung von Prozessen über die Projektplanung bis zur Zeiteinteilung.

● Der nächste Abschnitt des Buches beschäftigt sich mit der Planung von Meetings. Praxisbeispiele illustrieren unter anderem, wie Business Mind Maps® zur Vorbereitung von Besprechungen, als Protokolle oder zur Umsetzung der Ergebnisse des Meetings angewandt werden können.

● Anschließend wird gezeigt, wie Sie Business Mind Mapping® zur Organisation und Strukturierung von Informationen einsetzen können. Sie erfahren, wie Sie die Methode dabei unterstützt, in sechs Teilschritten den „Papierberg" auf Ihrem Schreibtisch abzubauen und wie sie dafür verwendet werden kann, Wissen zu erfassen und zu verwalten.

● In der Folge wird die effiziente Vorbereitung von Vorträgen und Präsentationen erklärt. Ein Praxisbeispiel zeigt die Verwendung einer Business Mind Map® als Fragebogen für die Evaluation von Referaten.

● Im nächsten Kapitel erfahren Sie, wie große Unternehmen Business Mind Maps® als modernes Instrument für die Kommunikation mit Kunden und Mitarbeitern einsetzen.

● Abschließend wird die Anwendung der Methode zur Unterstützung von kreativem und innovativem Denken beschrieben. Dabei geht es ebenso um die Verwirklichung von Geschäftsideen wie etwa um die Darstellung der „Zukunftsvision" von Unternehmen.

Tips für Schnelleser

Für dieses Sachbuch gilt – ebenso wie für ähnliche Werke – daß Sie mehr von seinem Inhalt profitieren können, wenn Sie Ihre Ziele klar definiert haben. Um generell mit weniger Zeitaufwand schriftliche Informationen aufzunehmen, sind folgende Schritte empfehlenswert:

1 **Definieren Sie** für sich selbst, was Sie durch die Lektüre erreichen wollen.

2 Sehen Sie dann zunächst die **Inhaltsangabe** bzw. in diesem Buch auch die „Überblicksseite" durch.

3 Verschaffen Sie sich anschließend einen **„Hubschrauberblick" über das Buch:** Blättern Sie es von vorne bis hinten durch, und werfen Sie dabei einen kurzen Blick auf jede Seite. Sie sollten dabei auf die Kapitelüberschriften, Zwischentitel, Grafiken und eventuell auch auf Absatzanfänge achten, die Sie interessieren.

Suchen Sie auch nach Schlüsselwörtern, die Ihre Aufmerksamkeit erregen.

4 **Markieren Sie die für Sie wichtigen Passagen** mit Leuchtstift oder Klebezetteln, heben Sie die Zahlen von interessanten Seiten hervor oder notieren Sie sich die Kapitel, die Sie zuerst lesen wollen. Sie sollten für den gesamten Prozess des „Überfliegens" nicht mehr als rund zehn Minuten aufwenden.

5 So können Sie **Prioritäten setzen** und ein Sachbuch gezielt Ihren Interessen entsprechend lesen.

Kapitel I

KLAR DEFINIERTE ZIELE SETZEN

Vorschau

●

Dieses Kapitel informiert Sie über die Nachteile herkömmlicher Notiz- und Denktechniken.

●

Sie können Ihre persönlichen Probleme bei mentalen Aktivitäten und Ihre Zielsetzungen dafür erarbeiten.

●

Die häufigsten Schwierigkeiten bei geistigen Betätigungen werden aufgelistet.

●

Sie können versuchen, in fünf Minuten ein Referat vorzubereiten.

●

Die Bedeutung des „Lernens, wie man lernt" als Zukunftstrend wird gezeigt.

Sind Sie mit der Umsetzung Ihrer geistigen Fähigkeiten zufrieden?

Im Verlauf dieses Buches können Sie eine Notiz-, Merk- und Management-Technik erlernen, deren Gebrauch Ihnen zunächst vielleicht als etwas ungewöhnlich erscheint. Die meisten von uns sind nur damit vertraut, Informationen dadurch zu erfassen, daß sie in einer linearen Auflistung niedergeschrieben werden. Doch wenn dies tatsächlich die beste denkmögliche Art ist, Daten und Fakten zu notieren, zu analysieren und weiterzugeben, weshalb haben dann so viele Leute Probleme in den Bereichen Lernen, Denken, Kreativität und Gedächtnisleistungen? Weshalb haben zahlreiche Menschen wenig Selbstvertrauen bei geistigen Betätigungen sowie geringe Fähigkeiten, sich zu konzentrieren, zu erinnern oder gezielt nachzudenken?

Die übliche Reaktion besteht darin, die Ursache für derartige Probleme bei jenen Menschen zu suchen, die mit ihnen zu kämpfen haben. Tatsächlich verfügt aber jeder von uns über die Möglichkeit, das schönste, komplizierteste, geheimnisvollste und leistungsstärkste Objekt des bekannten Universums zu nutzen: **das menschliche Gehirn.**

Also erscheint es naheliegend, daß bei Schwierigkeiten mit Denkprozessen die Ursache nicht nur bei den betroffenen Personen gesucht wird, sondern auch bei den Techniken, die für die Umsetzung geistiger Abläufe verwendet werden. In unserer Zivilisation gelten Worte, Sätze, Logik und Zahlen nach wie vor als „Grenzsteine" geistiger Betätigung. Durch diese einseitige Betrachtungsweise können unsere mentalen Möglichkeiten aber auch stark eingeengt werden.

Auf der nächsten Seite, der ersten Übungsseite, haben Sie die Möglichkeit, alle Probleme, die Sie für sich persönlich bei geistigen Betätigungen sehen, einzutragen. Verwenden Sie dieses Buch als Arbeitsbuch und tragen Sie Ihre „Denkschwierigkeiten" direkt darin ein.

Übungsseite

Tragen Sie hier alle Probleme ein, die Sie bei geistigen Aktivitäten haben, wie etwa: „es fällt mir schwer, mich zu konzentrieren", „ich lerne langsam" oder „ich habe Schwierigkeiten damit, Texte zu verfassen".

Zukunftsziele

Definieren Sie hier alle Ziele, die Sie durch effizienteren Gebrauch Ihres Gehirns gerne erreichen würden, beispielsweise:
„in kürzerer Zeit Referate erstellen",
„Entscheidungsprozesse klarer gestalten" oder
„meine Gedanken besser ordnen".

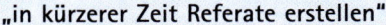

Weitverbreitete Probleme bei geistigen Betätigungen

In den Buzan Centres auf aller Welt wurden mehr als 100.000 Personen nach ihren Schwierigkeiten bei mentalen Aktivitäten gefragt. Die folgenden Bereiche wurden am häufigsten als jene genannt, in denen sich manchmal oder immer Probleme ergeben:

Gedächtnisleistungen

Konzentration

Kreatives Denken

Analytisches Denken

Planungsprozesse

Zeitmanagement

Selbstmotivation

Schreiben von Briefen oder Berichten

Reden und Vorträge halten

Probleme lösen

Entscheidungen treffen

Gedanken organisieren

Prioritäten setzen

Lernen und Studieren

Mit Denkprozessen beginnen

Logisches Denken

Denkprozesse abschließen

Brainstorming-Ideen erfassen

Vorbereitung von Projekten

Lesen Sie diese Auflistung durch, und überlegen Sie, ob sich dadurch neue Anregungen in bezug auf Ihre persönlichen Probleme ergeben haben. Setzen Sie Prioritäten, und bestimmen Sie die „Top 5" jener Bereiche, in denen Sie bei geistigen Aktivitäten Schwierigkeiten haben und sich gerne verbessern würden.

Ein Referat
vorbereiten

Stellen Sie sich vor, Sie müßten ein Referat zu einem relativ umfassenden Thema aus Ihrem Berufsbereich halten. Benutzen Sie diese Seite, um innerhalb von fünf Minuten Ihre Gedanken zum Thema dieses Vortrags niederzuschreiben und zu ordnen.

Schwierigkeiten beim Ordnen von Gedanken

Listen Sie hier bitte alle Probleme auf, die sich beim Organisieren Ihrer Gedanken für das Referat ergeben haben.

Unterricht im richtigen Denken?

Viele Menschen haben Schwierigkeiten damit, unter Zeitdruck Ihre Gedanken zu einem Thema zu entwickeln, sie zu erfassen und in eine klare Ordnung zu bringen. Vielen fällt dann plötzlich gar nichts mehr

ein, andere haben scheinbar „zuviele" Einfälle und können sie nicht strukturieren.

Vielleicht ist es ja auch Ihnen schon einmal so ergangen?

Aber wahrscheinlich ist Ihnen auch noch nie gesagt worden, was Sie dagegen tun können. Denn die Unterweisung in modernen Denk-

techniken ist noch kein Bestandteil der herkömmlichen Aus- und Weiterbildung. Oder wurden Sie jemals darin unterrichtet?

● Ist Ihnen jemals erklärt worden, wie Sie Ihre Gedanken auf eine Art organisieren können, die mit der Funktionsweise Ihres Gehirns kompatibel ist?

● Wurde Ihnen je beigebracht, wie Sie Ihren Einfällen freien Lauf lassen und so auf einem einzigen Blatt Papier erfassen können, wieviel Sie über ein Thema aus dem Stegreif wissen?

● Wurde Ihnen je gezeigt, wie Sie eine beliebig lange Rede auf einer einzigen Seite vorbereiten können?

● Wurden Sie jemals darin unterrichtet, wie Sie zahlreiche Informationen auf einem einzigen Blatt Papier so anordnen können, daß Sie rasch die Zusammenhänge zwischen den einzelnen Daten und Fakten erkennen können?

● Wurden Sie schon gelehrt, wie Sie Ihr Gedächtnis dadurch verbessern können, daß Sie die natürliche Funktionsweise des Gehirns nutzen?

● Haben Sie jemals Anregungen dafür erhalten, wie Sie Ihr kreatives Denken weiterentwickeln können?

● Hat man Ihnen schon gezeigt, daß Denken und Lernen auch Spaß machen können?

Neue Trends in der Informationsgesellschaft

Lassen Sie sich nicht beunruhigen, falls Sie eine oder mehrere der Fragen auf der vorhergehenden Seite mit „Nein" beantworten mußten. Denn das ergeht wohl den meisten Menschen so. Mit diesem Buch haben Sie nun jedoch die Möglichkeit, sich einige oder alle der erwähnten Fertigkeiten anzueignen.

Das Wissen über die Funktionsweise des Gehirns und die Denk- und Managementtechnik Business Mind Mapping®, das Sie auf den folgenden Seiten erwerben können, läßt sich auch als eine Art „Gebrauchsanweisung" für Ihren hochkomplizierten Biocomputer, das Gehirn, betrachten. Denn eigentlich haben Sie alles, was Sie für Ihren persönlichen Erfolg brauchen, längst im Kopf. Ihre Möglichkeiten, Gedanken, Fantasien und Ideen zu entwickeln, sind fast unbegrenzt. Es kommt nur darauf an, Sie mit der richtigen Methode auch zu verwerten.

Eine Business Mind Map® hilft Ihnen bei Ihren Problemen mit dem Gebrauch Ihres Gehirns, weil sie ein Spiegelbild von dessen Funktionsweise ist. Der wörtlichen Bedeutung

des englischen Ausdruckes gemäß, ist sie eine „Landkarte Ihres Verstandes", die speziell für Anwendungen im Geschäftsbereich adaptiert wurde. So wie Ihnen eine Straßenkarte einen raschen Überblick über ein großes Gebiet verschafft, hilft Ihnen eine Business Mind Map®, in zahlreichen Unternehmensbereichen Problemstellungen und Informationen rasch zu erfassen.

Mit Business Mind Mapping® können Sie jene Fähigkeiten üben und umsetzen, die am Beginn des Informationszeitalters von größter Bedeutung sind. Denn in Zukunft wird eine der wesentlichen intellektueller Aufgaben jene sein, die Natur der Intelligenz selbst zu analysieren und zu verstehen.

Oder wie es der bekannte Zukunftsforscher John Naisbitt kurz und bündig formuliert hat „Es wird sich alles darum drehen, zu lernen, wie man lernt".

Kapitel II

DIE GRUNDLAGEN GEISTIGER AKTIVITÄT

Vorschau

●

Dieses Kapitel beschreibt im Überblick den
Aufbau des menschlichen Gehirns.

●

Die Funktionsspezialisierung der beiden
Großhirn-Hemisphären wird gezeigt.

●

Die assoziativen Funktionen des Gehirns werden
erläutert und können geübt werden.

●

Sie erhalten Tips zur Gedächtnisverbesserung.

●

Die Bedeutung der Neuronen als Grundbausteine
des Gehirns wird erklärt.

Der Aufbau des Gehirns

Obwohl wir im Alltag in hohem Maße auf Denkprozesse angewiesen sind, denken wir über diese selbst selten oder nie nach. Dieser Abschnitt soll Sie deshalb mit den Grundlagen geistiger Aktivität vertraut machen, um dadurch das Potential Ihres Gehirns besser nutzen zu können. Es werden einzelne Fähigkeiten, Arbeitsweisen und Komponenten des Gehirns beschrieben.

Das menschliche Gehirn ist während der Evolution in hunderten von Millionen Jahren entstanden. Entwicklungsgeschichtlich betrachtet besteht es aus älteren Teilen und den oberen Schichten des Gehirns, die später hinzugekommen sind. Der älteste Teil des Gehirns ist der **Hirnstamm,** der auch „Reptilienhirn" genannt wird, da er dem vollständigen Gehirn eines Reptils ähnelt. Er ist vor mehr als 500 Millionen Jahren entstanden und unter anderem für die allgemeine Wachsamkeit sowie für die Steuerung von Atmung und Puls zuständig.

Das **Kleinhirn** befindet sich an der Rückseite des Hirnstammes und hat viele Funktionen. Eine seiner wesentlichsten ist die Koordination von Muskelbewegungen und Körperhaltungen. Das **limbische System** besteht aus mehreren Elementen, die sich über dem Hirnstamm befinden. Es steuert unter anderem Blutdruck, Pulsfrequenz, Körpertemperatur und Blutzuckerspiegel sowie lebenswichtige Gefühlsreaktionen.

Unser Hauptaugenmerk gilt jedoch dem **Großhirn,** dem obersten Teil des menschlichen Gehirns, der auch den meisten Raum einnimmt. Es wird von einer rund drei Millimeter dicken, vielfach gefalteten Schicht aus Nervenzellen bedeckt, der sogenannten Großhirnrinde, deren wissenschaftliche Bezeichnung „Cortex cerebri" lautet. Der Cortex ist die am höchsten entwickelte Gehirnregion. Er ermöglicht uns spezifisch menschliche geistige Fähigkeiten wie etwa Verständnis, Kreativität, Kommunikation, Erinnerung oder Organisationsvermögen.

Von oben betrachtet ist das Großhirn eine Masse grauen Gewebes, die in zwei Hälften, die sogenannten Hemisphären, unterteilt ist, von denen jede mit zahlreichen Wölbungen und Furchen bedeckt ist. Diese sind durch den sogenannten Balken – oder „Corpus callosum" – der aus rund 300 Millionen Nervenfasern besteht, miteinander verbunden.

Eine der wesentlichsten wissenschaftlichen Entdeckungen des 20. Jahrhunderts besteht darin, daß die beiden Hemisphären der Großhirnrinde jeweils dominierend für bestimmte mentale Fähigkeiten des Menschen zuständig sind. Die linke Hälfte etwa für logisches Denken und Zahlen, die rechte für Rhythmus und Fantasie. Für die Erforschung der Funktionsspezialisierung der Cortex-Hemisphären wurde Roger Sperry vom California Institute of Technology 1982 mit dem Nobelpreis ausgezeichnet.

Seine Arbeiten wurden von Wissenschaftlern wie Robert Ornstein und Eran Zaidel weitergeführt. Dadurch ist heute unter anderem auch bekannt, daß die Gehirnhälften nicht ausschließlich für bestimmte Fähigkeiten zuständig sind. Sie stehen in einer stetigen Wechselwirkung und stimmen ihre Fähigkeiten aufeinander ab – beinahe wie zwei Menschen, die miteinander kommunizieren.

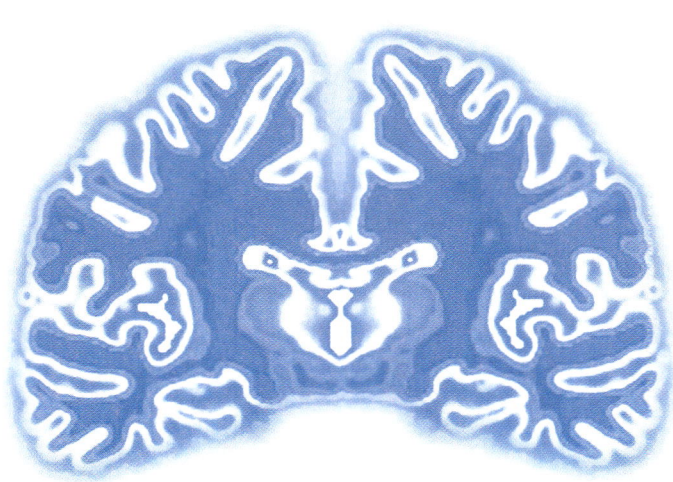

Funktions-spezialisierung

Auf der Abbildung auf dieser Seite sehen Sie eine schematisierte Darstellung der geistigen Fähigkeiten, für die jeweils eine Gehirnhälfte dominant zuständig ist. Zwischen den beiden Hemisphären findet aber auch laufend ein „Informationsaustausch" statt. Die einzelnen Fähigkeiten können sich gegenseitig überwachen, unterstützen und verstärken. Sie benötigen jede davon an jedem Tag in Ihrem Leben.

Denken Sie einmal über folgende Fragen nach:

● Welche Fähigkeiten werden in der Schule hauptsächlich erkannt und genutzt?

● Welche Fähigkeiten gelten als akademisch, intellektuell oder als im Geschäftsleben verwertbar, welche als kreativ oder künstlerisch?

● Welche Fähigkeiten werden eingesetzt, um Notizen oder Mitschriften anzufertigen?

● Welche Fähigkeiten haben wohl Genies wie Newton, Darwin oder Einstein eingesetzt?

Die Fähigkeiten der rechten Hemisphäre nutzen

Mit herkömmlichen Notiz- und Management-Techniken werden weniger als die Hälfte unserer verfügbaren geistigen Fähigkeiten genutzt. Ein wesentlicher Bestandteil des Business Mind Mapping®-Konzeptes ist es hingegen, auch die Fähigkeiten der rechten Hemisphäre der Großhirnrinde gezielt zu verwenden.

Wenn die Potentiale beider Cortex-Hälften „verbunden" und gemeinsam eingesetzt werden, gelingt es, die Ge-samtkapazität des Gehirns besser zu nutzen. Ihre grauen Zellen arbeiten dadurch insgesamt besser und effizienter.

Aufgrund von wissenschaftlichen Untersuchungen ist auch bekannt, daß die gezielte Anwendung bislang weniger genutzter Fähigkeiten nicht zu Lasten der bis dahin häufiger verwendeten geht. Stattdessen ergibt sich ein Synergie-Effekt, der mehr geistige Leistung auf allen Gebieten ermöglicht.

Die Arbeitsweise des Gehirns

S ämtliche in den beiden Cortex-Hälften vorhandenen Fähigkeiten und ihre Wechselwirkungen lassen sich besser umsetzen, wenn Sie sich bei geistigen Betätigungen die grundlegenden Arbeitsweisen des Gehirns zunutze machen. Prinzipiell können folgende geistigen Basis-Techniken unterschieden werden, die das Gehirn bei der Verarbeitung von Informationen unterstützen:

● Verkettungen,

● kreisförmig ausstrahlende, „freie" Assoziationen.

Der Arbeitsweise des Gehirns entsprechend, können Informationen jeder Art, also etwa

Worte,

Zahlen

und Symbole,

aber auch Bilder,

Geruchs- und Geschmackseindrücke,

Geräusche,

Berührungen

und Gefühle

miteinander beliebig verknüpft und verbunden werden. Dadurch können zahllose Denkmuster entstehen. Da diese bei jedem Menschen auf den ganz persönlichen Erfahrungen beruhen, die er bisher in seinem Leben gemacht hat, ist auch die Denkweise jedes Menschen in ihrer Art einzig.

Den Gedanken
freien Lauf lassen

Auf dieser Übungsseite finden Sie
eine Verkettung unserer Assoziationen
zu dem Begriff „**Sommer**".

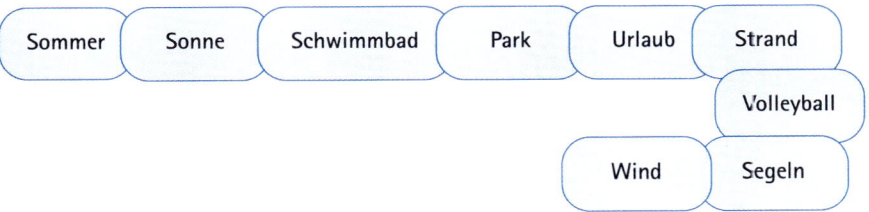

Schreiben Sie nun Ihre persönliche
Assoziationskette zum Begriff
„Sommer" auf. Lassen Sie Ihren
Gedanken dabei freien Lauf.

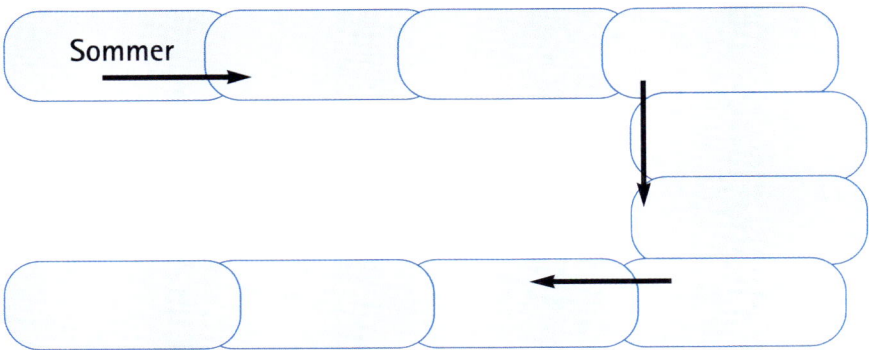

Die Gedanken „erblühen" lassen

Auf dieser Übungsseite finden Sie ein Beispiel dafür, wie Sie Ihre Gedanken kreisförmig ausstrahlen lassen können. Sie können die Anordnung auch als Blumenform (eine „Brain Bloom") betrachten, die sozusagen Ihren Geist zum Erblühen bringt. Schreiben Sie jene Begriffe auf die Linien, die Ihnen sofort einfallen, wenn Sie an den Begriff „Erfolg" denken, der durch das Bild in der Mitte symbolisiert werden soll.

Falls Sie diese Übung auch einmal mit Ihrer Familie oder Freunden durchführen, werden Sie wahrscheinlich feststellen, daß schon ab vier Personen nur selten Begriffe auftauchen, die bei allen völlig gleich sind. Ein Beispiel dafür, daß das Denken jedes einzelnen Menschen einzigartig ist.

Tips für ein besseres Gedächtnis

Aus den grundlegenden Arbeitsweisen des Gehirns – also Verkettungen von Assoziationen und kreisförmig ausstrahlenden, „freien" Assoziationen – ergeben sich zwei Tips, die Ihnen dabei helfen können, Ihre Gedächtnisleistungen zu steigern:

1 Daten und Fakten im Gedächtnis behalten:

Verbinden Sie Informationen, die Sie im Gedächtnis behalten wollen, sozusagen mit möglichst vielen „Aufhängern", mit denen Sie sie später wieder „hervorziehen" können. Verwenden Sie dafür

● Sinneseindrücke jeder Art, die Sie mit der jeweiligen Information verknüpfen,

● einprägsame Schlüsselworte oder Bilder,

● sowie Daten und Fakten, die Sie bereits kennen.

Je mehr „Aufhänger" Sie finden, desto besser wird es Ihnen gelingen, die jeweilige Information im Gedächtnis zu verankern.

2 Daten und Fakten aus dem Gedächtnis wiedergeben:

Bilden Sie assoziative Verkettungen, um einzelne Informationen mit anderen zu verbinden. Zur Wiederholung gehen Sie diese Gedankenkette dann im Geist durch. Wenn Sie die Daten und Fakten anschließend wiedergeben wollen, genügt es oft schon, sich an die erste Information zu erinnern. Die restlichen fallen Ihnen danr. in aller Regel fast mühelos wieder ein.

Die Bausteine des Gehirns

Nervenzellen oder „Neuronen" sind die Grundbausteine des Gehirns. Die meisten von ihnen messen nicht viel mehr als ein paar Millionstel Meter im Durchmesser, aber ihre Zahl ist ungeheuer groß. Insgesamt gibt es im menschlichen Gehirn rund 125 Milliarden Neuronen.

Die Neuronen können über Verästelungen, die sogenannten „Dendriten", Informationen in Form elektrochemischer Signale entgegennehmen, sie im Zellkörper verarbeiten und über das sogenannte Axon weiterleiten. Dieses teilt sich seinerseits in Fasern mit speziellen, verdickten Endigungen auf. Jede davon kann über einen winzigen Zwischenraum, den sogenannten „synaptischen Spalt", hinweg Informationen an andere Zellen übertragen.

Ein „durchschnittliches Neuron" im Gehirn kann über ungefähr 10.000 Verbindungsstellen oder Synapsen Informationen von anderen Nervenzellen empfangen und sie wiederum über Synapsen an zahlreiche andere Neuronen weitergeben. Die Zahl der möglichen Verbindungen zwischen den Nervenzellen eines einzigen menschlichen Gehirns ist laut den Berechnungen von Professor Pjotr Kouzmich Anokhin von der Universität Moskau eine Eins, die von 10 1/2 Millionen Kilometern getippter Nullen in 11-Punkt-Größe gefolgt wird („The Forming of Natural and Artificial Intelligence", Anokhin, 1973). Das ist beinahe unendlich viel.

Dementsprechend nimmt die aktuelle wissenschaftliche Forschung auch an, daß wir bei weitem nicht das gesamte vorhandene Potential des menschlichen Gehirns nutzen. Während in den 50er Jahren noch geschätzt wurde, daß wir ungefähr 50 Prozent der Möglichkeiten unseres Gehirns umsetzen, wurde diese Annahme in den 70er Jahren auf zehn Prozent reduziert. Heute wird davon ausgegangen, daß wir nur rund ein Prozent des Potentials unseres Gehirns auch tatsächlich wahrnehmen.

Dendriten sind sich zuspitzende Fortsätze des Zellkörpers eines Neurons, die ankommende Signale empfangen. Dendriten können weit verzweigt sein, um Signale von Hunderten oder Tausenden anderer Neuronen aufnehmen zu können.

Das Axon ist der Hauptfortsatz des Zellkörpers. Es kann zwischen weniger als einem Millimeter im Gehirn und mehr als einem Meter im Rückenmark lang sein. Größere Axone sind von einer fetthaltigen, isolierenden Schutzschicht, der Myelinschicht, umgeben. Die Myelinschicht wird von den sogenannten „Ranvier-Schnürringen" unterbrochen. Dieser Aufbau ermöglicht die "sprunghafte" Weiterleitung von Nervensignalen und somit höhere Übertragungsgeschwindigkeiten.

Die verdickten Endigungen eines Axons werden auch als synaptische Endknöpfe bezeichnet. Sie können über spezialisierte Verbindungsstellen, die Synapsen, Signale an andere Zellen übertragen.

Der Zellkörper enthält den Zellkern und das Zytoplasma, das für die Ernährung der Zelle sorgt. Der Zellkörper kombiniert und mittelt alle Informationen, die ihn über seine Dendriten erreichen.

Kapitel III

BUSINESS MIND MAPPING®

Vorschau

●

In diesem Kapitel erfahren Sie zunächst, wie eine Business Mind Map® gelesen wird.

●

Anschließend lernen Sie zwölf Regeln kennen, die beim Zeichnen einer Business Mind Map® berücksichtigt werden sollten.

●

Die zwölf „Gesetze" werden auch in Form einer Business Mind Map® präsentiert.

●

Abschließend können Sie versuchen, zu einem relativ einfachen Thema Ihre erste eigene Business Mind Map® zu zeichnen.

Wie eine Business Mind Map® gelesen wird

Um eine Business Mind Map® zu lesen, sollten Sie nach folgendem Schema vorgehen:

1 Sie beginnen in der **Mitte**. Hier befindet sich in Form eines Bildes das zentrale Thema der Business Mind Map®. In unserem Beispiel geht es um die Planung einer Geschäftsreise.

2 Anschließend sollten Sie sich mit jenen Worten oder Bildern befassen, die dem zentralen Bild am nächsten sind. Sie befinden sich auf besonders dicken **„Hauptästen"**, die von dem zentralen Bild ausgehen, und bezeichnen die Hauptthemen der Business Mind Map®. Diese sind mit den Kapitelüberschriften eines Buches über das zentrale Thema vergleichbar. In unserem Beispiel lauten sie: „Reise", „Business", „Teilnehmer", „Essen", „Erholung" und „Vorbereitung". Eine Business Mind Map® ist kreisförmig hierarchisch strukturiert.

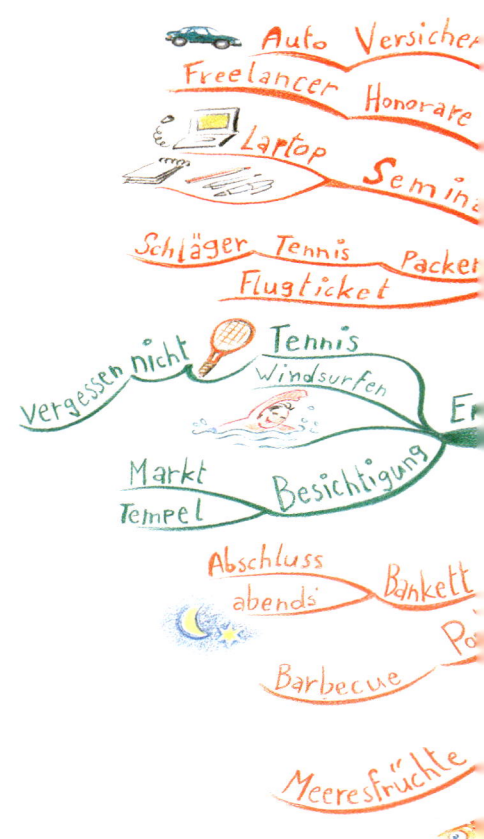

3 Wählen Sie nun ein Hauptthema aus, und lesen Sie entlang den in der gleichen Farbe wie dieses ausgeführten **Verzweigungen** weiter. Auf den „Zweigen" der zweiten, dritten, vierten und weiteren Ebenen der Business Mind Map® finden Sie so Detailinformationen zu den einzelnen Hauptthemen. Sie können bei der Auswahl der Hauptthemen in der Reihenfolge vorgehen, die sich aufgrund ihrer persönlichen Interessen ergibt, oder sich an den vom Autor der Business Mind Map® vorgesehenen Ablauf halten.

4 Achten Sie auf mögliche neue gedankliche **Querverbindungen,** die sich für Sie beim Lesen der Business Mind Map® ergeben können.

12 Regeln für das Zeichnen einer Business Mind Map®

Wie Sie in zwölf Teilschritten zu einem Profi im Business Mind Mapping® werden können, und weshalb dieser Ablauf Ihnen dabei hilft, mehr aus Ihren mentalen Fähigkeiten zu machen:

1 Um Business Mind Maps® zu zeichnen, sollten Sie unliniertes Papier im Format DIN-A4 oder größer verwenden. Wenn keine vorgedruckten Linien vorhanden sind, gibt Ihnen das „360 Grad Freiheit", das gesamte Spektrum Ihrer geistigen Fähigkeiten umzusetzen. Vorgezeichnete Linien würden hingegen den natürlichen Fluß Ihrer Gedanken beeinträchtigen.

2 Legen Sie das Blatt quer vor sich hin. Dadurch haben Worte und Bilder in jene Richtung, in die geschrieben oder gezeichnet wird, mehr Platz. So stoßen Sie beim Business Mind Mapping® nicht so schnell auf „Begrenzungen" für die Entwicklung Ihrer Ideen.

3 Fangen Sie in der Mitte an, denn auch Gedanken beginnen im Zentrum unserer geistigen Welt und strahlen von dort kreisförmig aus. Eine Business Mind Map® soll ein Abbild der natürlichen „radialen Architektur" unseres Denkens sein.

4 Zeichnen Sie ein zentrales Bild für das Thema, mit dem Sie sich befassen wollen, denn „ein Bild sagt mehr als tausend Worte". Es löst viele Assoziationen aus, prägt sich dem Gedächtnis besser ein und hilft, sich gedanklich auf das zentrale Thema der Mind Map® zu konzentrieren. Außerdem ist Zeichnen eine vergnügliche Beschäftigung.

Achten Sie beim Zeichnen bitte auf folgendes:

● Verwenden Sie für das zentrale Bild mindestens drei verschiedene Farben. Dadurch wird die rechte Gehirnhälfte angeregt, von der Vorstellungskraft, Erfassen und Aufmerksamkeit ausgehen.

● Zeichnen Sie das zentrale Bild sowohl der Breite als auch der Höhe nach nicht größer als ungefähr fünf Zentimeter. Dieses Format läßt Ihnen ausreichend Platz für die restliche Business Mind Map®.

● Grenzen Sie das zentrale Bild nicht ab – malen Sie also um diese Zeichnung keinen rechteckigen Rahmen. Nur so bleibt die einzigartige Form des Bildes erhalten und die Hauptäste können direkt an diese anschließen. Außerdem fällt es auch leichter, sich an ein „freies" Bild zu erinnern als an ein gerahmtes.

5 Nun fügen Sie zu dem zentralen Bild ein Hauptthema hinzu. Hauptthemen entsprechen den Kapitelüberschriften eines Buches. Stellen Sie sich beispielsweise vor, daß Sie ein Buch über das zentrale Thema „Neueinführung eines Produktes" schreiben. Eines der Hauptthemen könnte die „Gestaltung" des Produktes sein.

Beim Einzeichnen sollten Sie folgendes beachten:

● Hauptthemen werden in Blockschrift und eventuell auch in GROSSBUCHSTABEN geschrieben. Die Verwendung von Blockschrift statt Schreibschrift ermöglicht rascheres Lesen und leichteres Erinnern.

Als Beispiel für den richtigen Aufbau einer Business Mind Map® wird hier das zentrale Thema „Neueinführung eines Produktes" verwendet. Das Bild gibt das zentrale Thema symbolisch wieder. Der erste Hauptast befaßt sich mit dem Hauptthema bzw. der Kapitelüberschrift: „Gestaltung" – also Überlegungen zu Design und technischen Details des neuen Produktes.

● Hauptthemen werden auf „Hauptäste" geschrieben, die Sie ebenso lang
einzeichnen sollten, wie es das jeweilige Wort ist. Allzu lange Linien würden
Gedankenunterbrechungen bewirken.
Wenn Wort und Linie jedoch gleich
lang sind, wird die Verbindung zu den
jeweils folgenden Worten und
Gedanken hervorgehoben.

● Zeichnen Sie die Hauptäste möglichst „naturnahe" – dick, gebogen
und dünn auslaufend. Geschwungene
Linien geben der Business Mind Map®
„optischen Rhythmus" und Viel-
fältigkeit. Sie sind der natürlichen
Architektur von Bäumen und anderen
organischen Gebilden nachempfun-
den. Sie sind einprägsam, und es
macht Spaß, sie zu zeichnen. Die
Stärke der Linie kann die Bedeutung
des Wortes darüber anzeigen.

● Die Hauptäste sollten direkt mit
dem zentralen Bild verbunden sein.
Das entspricht der assoziativen
Arbeitsweise des Gehirns, und zudem
wird dadurch auch die besondere
Bedeutung der Hauptthemen offen-
sichtlich.

6 Nachdem Sie das erste Hauptthema eingezeichnet haben,
fügen Sie nun rund um das
zentrale Bild weitere Hauptthemen
hinzu. Jedem Hauptthema wird eine
eigene Farbe zugeordnet, und es wird
auf einen in dieser Farbe gestalteten
Hauptast geschrieben. Dadurch sind
alle Hauptthemen klar erkennbar und
lösen eine Kette weiterer, aus ihnen
entstehender Gedanken aus.

Die Entwicklung von Hauptthemen
können Sie auch anhand der Abbildung auf der nächsten Seite üben,
indem Sie „Kapitelüberschriften" für
die beiden noch nicht beschrifteten
Äste erfinden und eintragen. Denken
Sie daran, die jeweiligen Worte in
Blockschrift und eventuell auch in
Großbuchstaben sowie genau so lang
wie die Linie zu schreiben.

7 Die Worte und Bilder der „ersten Gedankenebene" evozieren Assoziationen. Beginnen Sie nun, Ihre Ideen weiterzuentwickeln, indem Sie eine „zweite Gedankenebene" hinzufügen. Diese Worte oder Bilder werden auf „Zweige" geschrieben, die mit jenem Hauptthema verbunden sind, das die neuen Ideen hervorgerufen hat. Lassen Sie auch scheinbar zufällige „Richtungsänderungen" Ihrer Gedanken zu. Sie müssen die Verzweigungen eines Hauptastes nicht fertigstellen, bevor Sie zum nächsten übergehen.

Bitte beachten Sie beim Hinzufügen der neuen Ideen folgendes:

● Die Zweige werden direkt an die Hauptäste angehängt und in derselben Farbe, aber dünner als die Hauptäste, gezeichnet. Durch die Verbindungen zwischen Hauptästen und Zweigen werden Beziehungen und eine Struktur geschaffen. Durch die Stärke der Zweige kann die relative Wichtigkeit der ihnen jeweils zugeordneten Worte oder Bilder angezeigt werden.

● Auch die Wörter auf den Zweigen werden in Blockschrift geschrieben. Die Schriftgröße kann nach außen hin kleiner werden, um die radiale hierarchische Struktur der Business Mind Map® deutlicher zu machen.

● Das Blatt sollte während des Zeichnens und Schreibens nicht hin und her gedreht werden, damit Sie es hinterher auch ohne Probleme lesen können.

8 Nun können Sie auch eine dritte, vierte und weitere Gedankenebenen hinzufügen, genau so, wie sich Ihre Ideen weiterentwickeln. Verwenden Sie, sooft es geht, Bilder anstatt oder zusätzlich zu den Worten. Sie können Bilder auch als „persönliche Codes" einsetzen – beispielsweise einen Telefonhörer zur Veranschaulichung von noch zu erledigenden Telefongesprächen.

Lassen Sie Ihren Gedanken freien Lauf. „Springen" Sie auf der Business Mind Map® so herum, wie Ihnen neue Gedankenverbindungen und Assoziationen gerade einfallen.

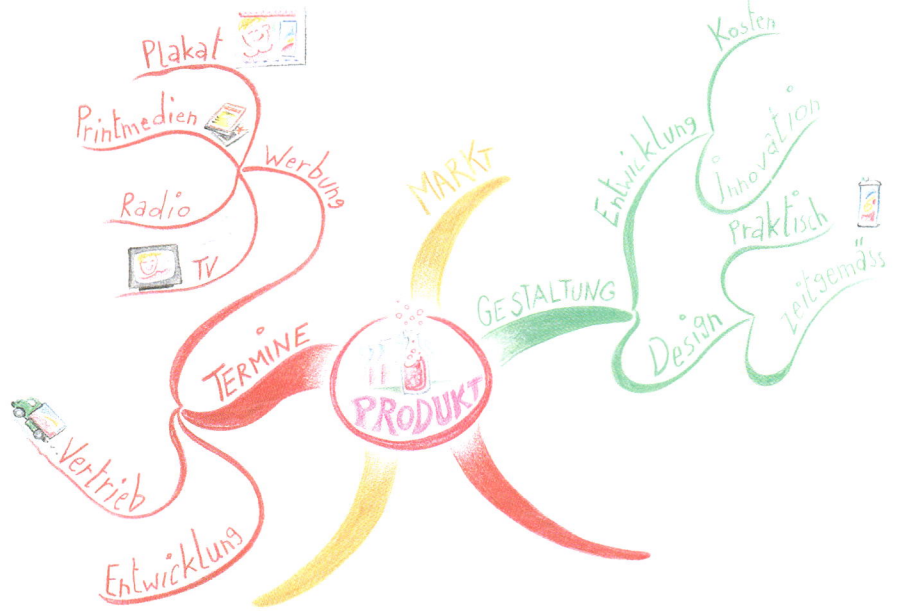

Ergänzen Sie übungshalber die noch nicht „verzweigten" Hauptäste auf der abgebildeten Business Mind Map® zum Thema Neueinführung eines Produktes mit ihren eigenen Ideen.

9

Um die Bedeutung bestimmter Worte oder Bilder hervorzuheben oder einzelne Zusammenhänge noch deutlicher zu machen, können Sie Rahmen verwenden.

Dreidimensionale Rahmen ermöglichen es, auf besonders wichtige Aspekte aufmerksam zu machen, denn „Räumlichkeit" läßt Dinge herausragen.

10

Sie können manchmal auch ganze Äste und ihre Verzweigungen farbig einrahmen und dadurch ihre Form hervorheben. Jeder dieser Rahmen wird wahrscheinlich eine ganz eigene Gestalt haben – so ähnlich wie Wolken – dadurch können Sie sich besser an seinen Inhalt erinnern.

Beim Einzeichnen derartiger Rahmen sollten Sie folgendes beachten:

● Zeichnen Sie den Rahmen „eng", also nahe an den Wörtern oder Bildern auf dem Hauptast und seinen Verzweigungen. Nur so können Sie deren einzigartige Form erfassen.

● In aller Regel sollten Sie für verschiedene Hauptäste und ihre Verzweigungen verschiedene Farben und zeichnerische Stilarten verwenden. Gleiche Farben können Sie einsetzen, um starke Übereinstimmungen zwischen zwei Hauptästen zu zeigen.

11

Zeichnen Sie jede Business Mind Map® ein wenig

● schöner,

● künstlerischer,

● farbiger,

● fantasievoller,

● „dreidimensionaler"

● und reicher an Bildern

als die vorhergehende. So entwickeln Sie laufend all Ihre mentalen Fähigkeiten. An besser gestaltete Business Mind Maps® werden Sie sich auch zunehmend leichter erinnern, und Sie können damit bei anderen mehr Aufmerksamkeit erregen.

12

Vergessen Sie nicht darauf, beim Business Mind Mapping® auch Spaß zu haben. Verwenden Sie witzige Details, humorvolle Übertreibungen und Absurditäten, wann immer Sie können. Das erfrischt Ihren Geist, macht Ihre Business Mind Maps® einprägsamer, und Sie können klarer über deren Inhalte nachdenken.

Die 12 Regeln in Form einer Business Mind Map®

Die Abbildung zeigt Ihnen die zwölf „Gesetze" des Business Mind Mapping® nochmals auf einen Blick:

Zeichnen Sie Ihre erste eigene Business Mind Map®

Jetzt können Sie Ihre erste selbst gestaltete Business Mind Map® in Angriff nehmen. Wählen Sie dafür ein einfaches Thema aus Ihrem Tätigkeitsbereich. Zum Beispiel die Vorbereitung einer Geschäftsreise oder die Erfassung Ihrer Ideen für eine Besprechung.

Vergegenwärtigen Sie sich nochmals die wichtigsten Schritte beim Zeichnen einer Business Mind Map®, bevor Sie beginnen:

1 Sie benötigen weißes, unliniertes Papier, das mindestens DIN-A4-Größe haben sollte, und Sie sollten es quer vor sich hin legen.

2 Dann zeichnen Sie in die Mitte ein Bild oder Symbol, um das zentrale Thema Ihrer Business Mind Map® darzustellen.

3 Anschließend denken Sie über die wichtigsten Teilbereiche nach, die Ihnen zu dem zentralen Thema einfallen. Diese Hauptthemen oder Kapitelüberschriften schreiben Sie in Blockschrift auf „dicke", geschwungene „Hauptäste", die von dem zentralen Bild wegführen.

4 Weitere Assoziationen zu den Kapitelüberschriften schreiben Sie sodann auf „Zweige", die Sie direkt an die Hauptäste anhängen. Lassen Sie Ihren Gedanken freien Lauf, und fügen Sie beliebig viele weitere Einzelheiten hinzu. Hören Sie erst auf, sobald Sie das Gefühl haben, daß alles erfaßt ist.

5 Business Mind Maps® zu zeichnen, macht Spaß, denn sie sind der assoziativen Arbeitsweise des Gehirns entsprechend aufgebaut. Dadurch können Sie Ihre geistigen Möglichkeiten besser nutzen.

Mit Business Mind Mapping® können Sie all Ihre Geistesblitze erfassen und obendrein noch Spaß dabei haben.

Kapitel IV

Antworten auf die 22 häufigsten Fragen zu Business Mind Mapping®

Vorschau

●

In diesem Kapitel werden jene Fragen beantwortet, die erfahrungsgemäß beim Beginnen mit Business Mind Mapping® besonders oft auftreten.

●

Die Fragen 1 bis 5 beschäftigen sich mit praktischen Details, beispielsweise damit, welche Materialien benötigt werden.

●

Die Fragen 6 bis 8 umfassen den Einsatz und die Bedeutung von Farben und Bildern in Business Mind Maps®.

●

In den Fragen 9 bis 14 geht es um die richtige Anwendung und Auswahl von Linien und Worten.

●

Die Fragen 15 bis 19 konzentrieren sich auf mentale Prozesse im Zusammenhang mit Business Mind Mapping®.

●

Die abschließenden Fragen 20 bis 22 beziehen sich im Überblick auf das Gesamtthema.

Vorschau in Form einer Business Mind Map®

Die Abbildung auf dieser Doppelseite zeigt Ihnen die 22 am häufigsten gestellten Fragen zum Thema dieses Buches auf einen Blick.

Auf den Hauptästen finden Sie die wesentlichen Bereiche, in welche die Fragen eingeteilt werden können. Die Fragen sechs bis acht sind also beispielsweise solche, die in einem Zusammenhang mit der Verwendung von Farben beim Business Mind Mapping® stehen.

rtig ㉒

®MIND BUSINESS

BEGINN

Hilfsmittel ①

Software ②

nur ③

Wo ④

Linear ⑤

GEDANKEN

FARBEN verwenden unbedingt

wie ⑦

⑥

zeichnen ⑧

Symbole

WORTE

Hauptthemen auswählen ⑨

⑩

⑪

Einstiegsfragen zu Business Mind Mapping®

Durch die Seminarpraxis in den Buzan Centres, die in über 100 Ländern auf fünf Kontinenten zu finden sind, werden wir natürlich laufend mit den Anliegen unserer Kursteilnehmer zum Thema Business Mind Mapping® konfrontiert. Infolge finden Sie Antworten auf die 22 am häufigsten gestellten Fragen.

1 Welche Hilfsmittel werden für Business Mind Mapping® benötigt?

Für Business Mind Mapping® ist grundsätzlich jedes unlinierte Papier in DIN-A4-Format oder größer geeig-

net. Empfehlenswert ist qualitativ gutes Papier, das leicht Farben aufnimmt. Außerdem benötigen Sie natürlich auch einige Farbstifte. Dickere Farbstifte für die Hauptäste und dünnere für die Verzweigungen Ihrer Business Mind Maps® können das Zeichnen erleichtern.

2 Gibt es Software für Business Mind Mapping®?

Um Business Mind Maps® am Computer anzufertigen, kann beispielsweise das Programm MindManager® verwendet werden.

Zu den Vorteilen von Software-Business Mind Maps® zählt unter anderem, daß sie in relativ kurzer Zeit erstellt werden können, da der Aufbau der Hauptäste und Verzweigungen automatisch erfolgt. Außerdem können auch problemlos Bildelemente hinzugefügt oder Verbesserungen vorgenommen werden. Sie können per E-Mail verschickt oder im World-Wide-Web zugänglich gemacht werden. Mit MindManager® können sogar bei Internet-Konferenzschaltungen gemeinsam Business Mind Maps® erstellt werden.

3 Was ist, wenn ich gerade nur einen einzigen Stift und liniertes Papier zur Verfügung habe?

Sie können auch mit dieser Ausrüstung eine „behelfsmäßige" Business Mind Map® anfertigen. Diese können Sie im nachhinein noch mit Leuchtstiften oder Farben bunter gestalten. Eine andere Möglichkeit wäre, sich zunächst in der üblichen, linearen Form Notizen zu machen und sie erst später in eine Business Mind Map® umzuwandeln.

Die abgebildete Business Mind Map® wurde mit der Software MindManager® erstellt. Sie wurde ursprünglich als Illustration für einen Artikel von Tony Buzan zum Thema die „Intelligenz-Revolution" im „IT Journal" (First Quarter 1998) von Hewlett Packard abgedruckt.

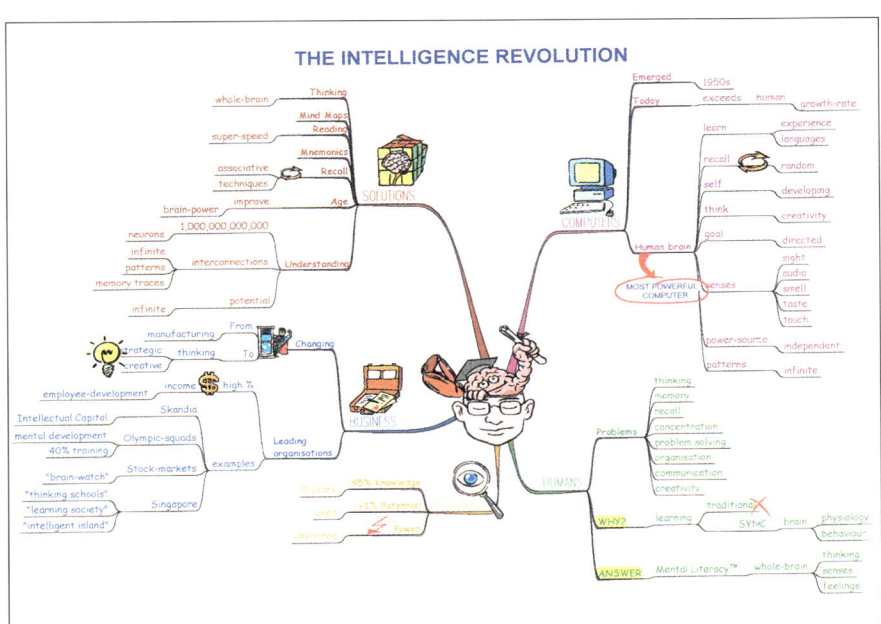

4 **In welcher Reihenfolge sollen die Hauptäste gezeichnet werden?**

Prinzipiell können Sie den ersten Hauptast in jener Position einzeichnen, die Ihren persönlichen Vorstellungen entsprechend die beste ist.

Falls Sie sich lieber an einer allgemeinen Richtlinie orientieren wollen, können Sie sich die Business Mind Map® auch als Uhr vorstellen. Zahlreiche Business Mind Mapper® fangen dann ungefähr bei der „1-Uhr-Position" an und machen im Uhrzeigersinn weiter. Andere beginnen bei der „11-Uhr-Position" und ordnen die weiteren Hauptäste und Kapitelüberschriften dann schrittweise gegen den Uhrzeigersinn an.

Falls Sie im nachhinein eine andere Reihenfolge festlegen wollen, in der die Hauptäste gelesen werden sollten, können Sie auch Nummern zu diesen dazuschreiben.

5 **Was kann ich tun, wenn ich bereits begonnen habe, mir für ein Thema lineare Notizen zu machen, und mir dann erst einfällt, daß eine Business Mind Map® besser geeignet wäre?**

Hören Sie in diesem Moment mit dem Schreiben auf und beginnen Sie, eine Business Mind Map® anzufertigen. Anschließend können Sie nochmals Ihren in herkömmlicher Weise verfaßten Text durchlesen und die Schlüsselwörter mit Leuchtstift markieren. Falls notwendig, fügen Sie diese dann der Business Mind Map® noch hinzu.

Die Verwendung von Farben und Bildern

6 Verschiedene Farben zu verwenden, kommt mir „kindisch" vor. Müssen Business Mind Maps® unbedingt bunt sein?

Das hängt davon ab, zu welchem Zweck Sie die Business Mind Maps® anfertigen wollen. Wenn Sie nur rasch einen Einfall notieren wollen, genügt manchmal schon eine sogenannte „Mini-Business Mind Map®" in einer Farbe, um den Denkprozeß klarer zu gestalten. Wenn Sie die Business Mind Map® anschließend kopieren oder faxen wollen, ist es oft sogar günstiger, sie nur schwarz zu zeichnen.

Wenn es aber darum geht, sich Informationen besser einzuprägen, oder wenn bestimmte Daten und Fakten für Sie über einen längeren Zeitraum relevant sind, ist es auf jeden Fall empfehlenswert, die Business Mind Map® bunt zu zeichnen. Auch wenn Sie vielleicht seit ihrer Schulzeit nicht mehr mit verschiedenen Farbstiften gearbeitet haben, sollten Sie doch versuchen, sich wieder daran zu gewöhnen. Bunte Business Mind Maps® sind für die Erfassung wichtiger Themen letztlich effektiver, weil Sie sich leichter an sie erinnern werden. Außerdem macht es mehr Freude, sie zu betrachten.

7 Wofür können Farben in Business Mind Maps® eingesetzt werden?

Sie können unterschiedliche Farben benutzen, um:

● die verschiedenen Hauptäste und ihre Verzweigungen deutlich voneinander zu unterscheiden,

● mehrere Termine oder Informationsebenen zu zeigen,

● zwischen Teilprojekten zu differenzieren

● oder die Business Mind Map® leichter visualisierbar zu machen.

Sie können dieselbe Farbe benutzen, um:

● Themen zu kennzeichnen, die auf mehreren Hauptästen oder Zweigen wiedergegeben werden,

● Querverbindungen zwischen einzelnen Ideen hervorzuheben

● oder bei Projekten bestimmte Aufgaben bestimmten Personen zuzuordnen.

8 Warum sollen in Business Mind Maps® möglichst viele Bilder und Symbole eingesetzt werden?

Beim Zeichnen von Bildern werden viele Fähigkeiten der rechten Gehirnhälfte genutzt. Dadurch verwerten Sie mehr von Ihrem geistigen Potential, zusätzliche Assoziationen werden hervorgerufen und oft entstehen daraus neue Ideen und Konzepte. Denken Sie deshalb daran, auch auf den Verzweigungen Ihrer Business Mind Maps® möglichst viele Bilder zu zeichnen.

Außerdem können Sie auch ganz persönliche Symbole entwerfen. Setzen Sie Ihre Fantasie ein, und kreieren Sie Ihre eigenen Bildercodes für Projekte, Konzepte, Menschen und Gegenstände.

Zum Beispiel eine hell leuchtende Glühbirne als Symbol für „gute Idee", Geldscheine als Symbol für „noch zu verschickende Rechnungen" oder eine Uhr als Symbol für „dringende Angelegenheiten".

Worte und Linien richtig einsetzen

9 Wie wähle ich die Themen für die Hauptäste aus?

Auf den Hauptästen sollten jene Wörter stehen, welche die wesentlichen Bereiche abdecken, die sich aus dem zentralen Thema der Business Mind Map® ergeben. Es sollten Begriffe sein, die zahlreiche Assoziationen hervorrufen, sogenannte „Schlüsselwörter".

Sie können sich auch vorstellen, daß das zentrale Thema der Titel eines Buches ist. Die Worte auf den Hauptästen sollten dann den Kapitelüberschriften entsprechen.

10 Was macht ein gutes Schlüsselwort aus?

Schlüsselwörter haben ihren Namen daher, daß sie sozusagen den Zugang zum Gedächtnis öffnen sollen. Von 100 Wörtern in herkömmlichen Notizen oder in gedruckten Texten sind meist nur etwa zehn wirklich wichtig. Diese Schlüsselwörter können allein schon die Erinnerung an die einzelnen Worte oder zumindest an den Sinngehalt des gesamten restlichen Textes hervorrufen. Meistens handelt es sich dabei um Substantive oder ausdrucksstarke Verben. Üben Sie die Auswahl von Schlüsselwörtern und überprüfen Sie, welche Art von Worten Ihnen einen besonders guten Zugang zu Gedächtnisinhalten ermöglicht.

11 Was ist, wenn ein Wort in einer Business Mind Map® wiederholt vorkommt?

Wenn Sie bemerken, daß ein bestimmtes Wort in einer Business Mind Map® öfter zu finden ist, haben Sie in aller Regel eine wichtige Entdeckung gemacht. Wahrscheinlich handelt es sich um eine wichtige alternative Denkrichtung, einen innovativen Ansatz zur Lösung von Problemen oder sogar um ein völlig neues Thema, dem Sie nun eine eigene Business Mind Map® widmen sollten.

An jeder Stelle, an der das Wort oder Bild vorkommt, steht es in einem anderen Zusammenhang. Dadurch kann das „neue Thema" schon vorab aus verschiedenen Perspektiven betrachtet werden.

12 Warum soll jeweils nur ein Wort auf einer Linie stehen?

Zu jedem Wort und zu jedem Bild gibt es Tausende von möglichen Assoziationen. Durch jeweils eine eigene Linie erhalten die Wörter und Bilder in einer Business Mind Map® den nötigen „Freiraum", um tatsächlich alle möglichen Gedankenverbindungen entwickeln zu können.

Das ist besonders wichtig, wenn Sie Business Mind Maps® dafür verwenden, eigene Ideen zu erfassen und Konzepte oder Strategien daraus zu entwickeln.

13 Was kommt zuerst, das Wort oder die Linie?

Als erstes werden immer die Linien gezeichnet.

Auf der rechten Seite einer Business Mind Map® tragen Sie die Linien zunächst ungefähr mit drei Vierteln jener Länge ein, die Sie zu benötigen glauben. Dann schreiben Sie das Wort darauf und verlängern die Linie, falls notwendig.

Auf der linken Seite müssen Sie etwas weiter vorausplanen, da die Linien hier nicht nachträglich verlängert werden können. Falls Sie einmal zuwenig Platz haben, können Sie die Vokale des Wortes auslassen. Üblicherweise ist es dann sinngemäß trotzdem verständlich.

14 Warum sind die Linien miteinander verbunden?

Die Verbindungen der Hauptäste und Zweige zeigen visuell die Zusammengehörigkeit aller Worte und Bilder, die zu einem zentralen Thema eingetragen wurden.

Business Mind Maps® haben eine organische Struktur, so ähnlich, wie ein Baum in der Natur eine Einheit bildet.

Deshalb sollten die leicht geschwungenen Linien der Hauptäste beinahe aus dem zentralen Bild „herauswachsen". Auch die einzelnen Zweige sollten direkt aneinander angehängt werden, um ein einheitliches Gesamtbild zu schaffen.

63

Fragen zu gedanklichen Abläufen

15 **Was kann ich tun, wenn mir während des Erstellens einer Business Mind Map® die Ideen ausgehen?**

Falls Sie einmal keine Einfälle mehr haben, können Sie sich durch die Business Mind Mapping®-Technik eine weitere erstaunliche Fähigkeit Ihrer grauen Zellen zunutze machen. Ihr Gehirn möchte nämlich von Natur aus alle Dinge vollenden. Tragen Sie einfach einige leere Linien ein, dann werden sich in aller Regel auch die Ideen dazu einstellen.

Sie können sich auch einen neuen Motivationsschub geben, wenn Sie daran denken, daß jedes Wort oder Bild der Mittelpunkt einer eigenen Business Mind Map® sein könnte – so wie Sie es mit dem Begriff „Erfolg" geübt haben. Es gibt fast unendlich viele Möglichkeiten, Ideen miteinander zu verbinden.

Nicht zuletzt können Sie aber auch einfach eine Pause einlegen. Malen Sie Ihre Business Mind Map® noch bunter an, stärken Sie sich mit einem Getränk, machen Sie Musik, oder lehnen Sie sich bequem zurück. Ihr Gehirn arbeitet unterdessen ohnehin weiter und verarbeitet die gewonnenen Eindrücke.

16 **Was ist zu tun, wenn mir meine Ideen als „unvernünftig" erscheinen?**

Fügen Sie stets alle Gedanken, Worte, Bilder oder Gefühle jenem Wort oder Bild hinzu, das sie ausgelöst hat. Gerade was zunächst als „unsinnig" erscheint, kann später oft zu besonders kreativen Ideen oder wichtigen Einsichten führen. Je mehr weitere Gedanken und Informationen Sie in Ihre Business Mind Map® eintragen, desto eher werden Sie Ihre anfangs scheinbar „unvernünftigen" Ideen verstehen. „Sinnlose Einfälle" erweisen sich dann oft als Wegweiser zu gewinnbringenden Innovationen.

Erst wenn Sie wirklich all Ihre Gedanken erfaßt haben, sollten Sie sich damit beschäftigen, was Sie an Ihrer Business Mind Map® vielleicht noch ändern wollen, oder ob Sie eventuell sogar eine neue Version gestalten sollten.

17 Wie kann eine Business Mind Map® meine Konzentration verbessern?

Wenn Sie sowohl die Fähigkeiten Ihrer linken als auch jene der rechten Cortex-Hemisphäre einsetzen, dann arbeitet Ihr gesamter Geist angeregt und gut ausbalanciert. Die Integration von Farben und Bildern in logische und lineare Denkabläufe ermöglicht Ihnen, konzentrierter über ein Thema nachzudenken und dabei zugleich entspannt zu bleiben.

18 Ich habe oft gerade dann besonders gute Ideen, wenn es die Situation erschwert, sie zu erfassen!

Ob im Restaurant, am Strand, im Zug oder wo auch immer sonst Sie sich befinden: Besorgen Sie sich ein Stück Papier sowie einen Stift, und notieren Sie Ihre „Geistesblitze" in Form einer Mini-Business Mind Map®.

Falls einmal überhaupt kein Schreibwerkzeug greifbar ist, können Sie

versuchen, geistig eine Business Mind Map® „anzulegen". Memorieren Sie die Schlüsselwörter, um Sie dann später aufzeichnen zu können.

19 Können Business Mind Maps® bei Einschlafproblemen helfen?

Wenn Ihre Nachtruhe gestört wird, weil Ihnen allzuviele Gedanken durch den Kopf gehen, kann Ihnen Business Mind Mapping® möglicherweise zu besserem Schlaf verhelfen. Legen Sie einen Block und Stifte griffbereit neben Ihr Bett, und bringen Sie Ihre Ideen zu Papier, wenn Ihnen ununterbrochenes Nachdenken das Einschlafen erschwert. Sobald Sie das Gefühl haben, alle Gedanken aus Ihrem Kopf „herausgeholt" zu haben, können Sie sich wieder niederlegen. Falls Sie dann nochmals neue Einfälle haben, wiederholen Sie die beschriebene Vorgangsweise.

Sobald alle Ideen erkannt und übersichtlich strukturiert worden sind, findet Ihr Gehirn wahrscheinlich Ruhe – und Sie selbst damit auch.

Allgemeine Fragen

20 Wie kann ich die Möglichkeiten von Business Mind Mapping® anderen Menschen am besten erklären?

Falls Sie jemand danach fragt, weshalb Sie Business Mind Mapping® verwenden, können Sie beispielsweise folgendes antworten:

● Business Mind Mapping® ist eine wirkungsvolle innovative Notiz- und Management-Technik, mit der unter anderem Ideen ausgearbeitet, Projekte geplant oder Meetings organisiert werden können.

● Es gleicht jenen Notiztechniken, die von genialen Menschen wie Leonardo da Vinci, Mark Twain, Albert Einstein, Winston Churchill oder Walt Disney sowie zahlreichen anderen „großen Denkern" benutzt wurden.

● Das Konzept des Business Mind Mapping® beruht auf aktuellen wissenschaftlichen Erkenntnissen über die Funktionsweise des Gehirns und auf der Umsetzung von Techniken, mit denen alle geistigen Fähigkeiten genutzt werden können.

● Es wird von Millionen Menschen auf der ganzen Welt verwendet, unter anderem auch von Direktoren multinationaler Firmen und Regierungspolitikern… Und nicht zuletzt auch von Ihnen selbst!

● Eine gute Gegenfrage besteht darin, sich zu erkundigen, welches Notiz- und Organisationssystem denn die Person verwendet, die Sie nach Business Mind Mapping® gefragt hat.

21 Für welche geistigen Prozesse kann ich Business Mind Maps® benutzen?

In allen Situationen, in denen Sie Klarheit gewinnen, Informationen organisieren, Ihre Ideen kommunizieren oder Mitschriften anfertigen wollen, können Business Mind Maps® sehr nützlich sein. Andere gute Techniken, die Sie für diese mentalen Prozesse vielleicht bereits für sich entdeckt haben, können durch Business Mind Mapping® noch effizienter gestaltet werden.

22 Wann ist eine Mind Map® vollendet?

Praktisch gesehen können Sie mit Business Mind Maps® zu jedem Zeitpunkt aufhören, der Ihnen selbst richtig erscheint. – Theoretisch kann Business Mind Mapping® jedoch als ein Prozeß betrachtet

werden, der in gewisser Weise nie endet. Jedes Wort oder Bild in einer Business Mind Map® könnte der Mittelpunkt einer neuen „geistigen Landkarte" sein, denn Ihr Assoziationsvermögen ist fast unbegrenzt.

Was für ein Unterschied zu herkömmlichen, linearen Notizen. Eine Business Mind Map® ist ein wesentlich besseres Spiegelbild Ihrer Intelligenz.

Spiegelbild

Kapitel V

Grundlegende Anwendungsformen von Business Mind Maps®

Vorschau

●

In diesem Kapitel erfahren Sie, wie Sie mit Business Mind Maps® Gedanken aus Ihrem Kopf „herausholen" können und es werden drei Praxisbeispiele dazu präsentiert.

●

Es wird vorgestellt, wie Sie schriftlich oder mündlich vermittelte Ideen anderer Menschen zeitsparend erfassen können.

●

Sie lernen eine Methode kennen, mit der Sie sehr große Mengen an Informationen strukturieren und leicht im Gedächtnis behalten können.

●

Fünf Arbeitsschritte für das Verfassen von Business Mind Maps® durch Teams werden beschrieben.

Eigene Gedanken mit Business Mind Maps® erfassen

Grundsätzlich können zwei Basis-Anwendungsformen von Business Mind Mapping® unterschieden werden. Sie können diese Technik einsetzen, um die Ideen anderer zu erfassen – also in einem weiteren Sinne, um Mitschriften oder Abschriften zu machen – oder Sie können sie verwenden, um Ihre eigenen Gedanken zu Papier zu bringen. Zunächst wollen wir uns mit letzterem befassen.

Beim Erfassen eigener Ideen nutzen Sie hauptsächlich Informationen aus Ihrem Gedächtnis, oder Sie setzen Ihre kreativen Fähigkeiten um. Eine Business Mind Map® erlaubt Ihnen, Ihre eigenen Ideen in ihrer ganzen Vielfalt zu erfassen und sie in einer äußeren Form zu ordnen. Mit dieser Methode gelingt es Ihnen sozusagen, „all Ihre Gedanken einzufangen".

Sie können Business Mind Maps® nicht nur einsetzen, wenn Sie Themen in allen Einzelheiten ausarbeiten wollen, sondern auch, wenn Sie für einen bestimmten Zweck besonders schnell Ihre Ideen ordnen sollten. In diesem Fall sollten Sie Ihre Business Mind Map® als eine Art „Skizze" Ihrer Gedanken verstehen. Wenn Sie unter Zeitdruck stehen, kann es auch genügen, wenn Sie nur in einer Farbe zeichnen und nicht jedes Detail ausarbeiten.

Denken Sie daran, auch dann eine Business Mind Map® zu zeichnen, wenn Sie beispielsweise:

● rasch neue Ideen festhalten wollen,

● ein kleines Projekt planen möchten,

● sich kurzfristig auf eine Besprechung vorbereiten müssen

● oder einen groben Überblick über Ihren Tagesablauf gewinnen wollen.

Auf den folgenden Seiten finden Sie Praxis-Beispiele für Business Mind Maps®, die in relativ kurzer Zeit entstanden sind.

Notizen für ein Interview

Die Business Mind Maps® auf dieser Seite stammen von Sir Brian Tovey, Vorstandsvorsitzender des Fujitsu Europe Telecom R & D Centres Ltd. und früherer Vizepräsident der Federation of the Electronics Industry. Tovey fertigte seine Notizen an, als er gebeten wurde, dem TV-Sender NBC kurzfristig ein Interview zum Thema „Initiativen der Euopäischen Union für die Telekommunikation" zu geben. Außerdem sollte auch im Detail über die Möglichkeit eines europaweit einheitlichen Systems für Telefonnummern gesprochen werden.

Tovey erstellte die Business Mind Maps® in wenigen Minuten, mit der Absicht, sie während des Interviews als Gedächtnisstützen zu verwenden. Leider habe ihn der Fernsehjournalist dann jedoch höflich gebeten, stets direkt in die Kamera zu sehen, was ihn in leichte Panik versetzt habe, erzählt der britische Telekom-Fachmann. „Das Erstaunliche für mich war dann, daß offenbar allein das Zeichnen der Business Mind Maps®, sowie ein zweiter Blick auf sie während der Fahrt zum Interview, genügt hatten, ein klares Bild aller wichtigen Informationen in der Erinnerung zu behalten und alle Fragen erfolgreich zu beantworten", meint Tovey.

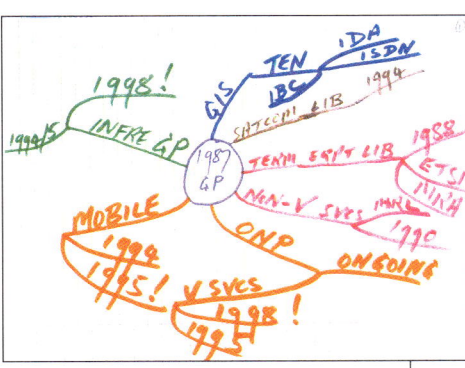

Die abgebildete Business Mind Map® wurde von Sir Brian Tovey als Vorbereitung für ein TV-Interview über EU-Initiativen in der Telekommunkation gestaltet.

Toveys zweite Business Mind Map® befaßt sich im Detail mit Möglichkeiten für ein europaweit einheitliches Telefonnummern-System.

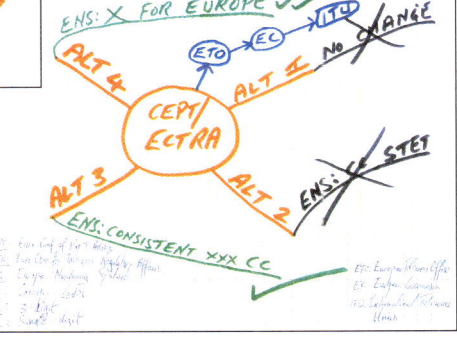

Vorbereitung für ein Bewerbungsgespräch

Die hier abgebildete Business Mind Map® wurde von einem Sales Manager angefertigt, der sich als Leiter des landesweiten Verkaufes bei einem großen Unternehmen beworben hatte. Zur zweiten Runde der Bewerbungsgespräche wurden nur mehr drei Kandidaten mit jeweils ähnlichen Qualifikationen und Berufserfahrungen eingeladen. Die Aufgabe bestand in einem 20-minütigen Referat zum Thema „erfolgreiche Neueinführung eines Produktes" sowie einer daran anschließenden Diskussion mit den Direktoren des Unternehmens.

„Ich beschloß, das Thema mit Business Mind Maps® zu erfassen und bereitete zwei Ausführungen davon vor. Den Zuhörern gab ich eine reduzierte Version und behielt eine mit etwas mehr Detailinformationen für mich selbst", erinnert sich der Sales Manager: „Die Bewerbung lief dann hervorragend für mich, und ich bekam den Job, weil die Führungsmannschaft des Unternehmens anhand meiner Business Mind Maps® die Qualität meines Denkens *sehen* konnte."

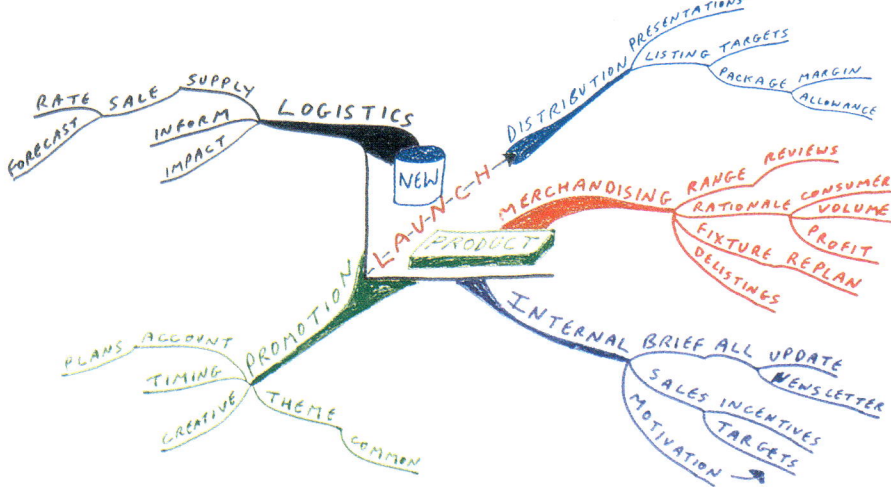

Briefe schreiben

Sie können das Ordnen Ihrer Ideen durch Business Mind Mapping® beispielsweise üben, indem Sie diese Methode zur Vorbereitung für das Verfassen eines privaten oder geschäftlichen Briefes benutzen.

Denken Sie darüber nach, welche wichtigen Informationen in Ihrem Schreiben enthalten sein sollen, und zeichnen Sie auf dieser Seite eine Business Mind Map®, um einen Überblick über diese Inhalte zu gewinnen.

Im Überblick:
Eigene Gedanken ordnen

Auf dieser Doppelseite sehen Sie die wichtigsten Anwendungsbereiche von Business Mind Mapping® beim Erfassen eigener Ideen.

Drei relativ einfach strukturierte Business Mind Maps®, in denen eigene Gedanken erfaßt werden, wurden bereits in diesem Kapitel vorgestellt.

Zahlreiche weitere, großteils etwas komplexer strukturierte Praxisbeispiele aus renommierten internationalen Unternehmen, finden Sie in den Kapiteln VI bis XII.

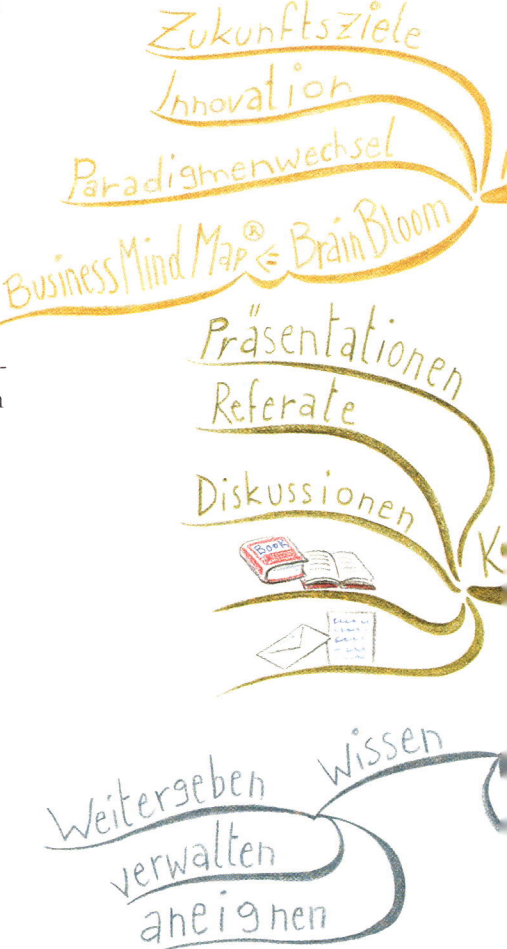

Die Ideen anderer erfassen

Die zweite grundlegende Anwendungsform von Business Mind Maps® ist das Erfassen von Gedanken anderer Menschen. Im einzelnen kann es sich dabei etwa um das Aufnehmen von Ideen aus Referaten, Zeitungsartikeln, Büchern oder anderen Medien, wie etwa Videos handeln. Mit Business Mind Maps® können Sie alle Informationen in einer Form aufzeichnen, welche die Bedeutung neuer Daten und Fakten für Ihr Denken klarer werden läßt, und die es Ihnen zudem ermöglicht, Ihre eigenen Einfälle hinzuzufügen. Prinzipiell kann unterschieden werden, ob es sich bei den Ideen anderer, die Sie aufzeichnen wollen, um

● schriftlich vermittelte Informationen

● oder mündlich vermittelte Informationen handelt.

Schriftliche Informationen

Wenn Sie Texte in eine Business Mind Map® umwandeln wollen, sollten Sie sich zunächst durch rasches Überfliegen bzw. Durchblättern des Artikels, Berichtes oder Buches ein Gesamtbild verschaffen. Bei längeren Texten können Sie sich dazu auch die Inhaltsangabe, Überschriften, Zusammenfassungen und alle anderen optisch auffälligen Teile ansehen.

Anschließend können Sie mit dem Zeichnen Ihrer Business Mind Map® beginnen. Wenn der Text mit Fotos oder Illustrationen versehen ist, können Sie sich beim Anfertigen des zentralen Bildes von diesen inspirieren lassen. Zur Benennung der Hauptäste können Sie beispielsweise Kapitelüberschriften oder die Überschriften von Abschnitten und sonstige im Text hervorgehobene Wörter verwenden. Sie können aber auch einfach die „sechs grundsätzlichen Fragen": wer?, wann?, wo?, wie?, was? und warum?, benutzen, um Ihr zentrales Thema zu strukturieren.

Anschließend nehmen Sie sich die Zeit, sich jenen Einzelheiten zuzuwenden, die Ihnen wichtig sind. Fügen Sie alle Details, die für Sie relevant sind, zu Ihrer Business Mind Map® hinzu. Bei längeren Texten können Sie der Einfachheit halber auch Seitenverweise auf einzelne Textstellen notieren.

Beschäftigen Sie sich zuletzt auch mit „schwierigen" Textstellen, die Sie bislang übersprungen haben und versuchen Sie, noch offene Fragen zu beantworten.

Denken Sie beim Erfassen von Texten stets daran, bewußt jene Informationen zu suchen, die Sie tatsächlich brauchen und erinnern Sie sich daran, daß üblicherweise nur zehn Prozent der Wörter bereits die wesentlichen Informationen wiedergeben. Benutzen Sie Leuchtstifte, um diese Schlüsselwörter hervorzuheben. Mit Business Mind Mapping® haben Ihre Aufzeichnungen höchstens ein Zehntel des gewohnten Umfangs. Dadurch sparen Sie beim Erfassen und speziell beim Wiederholen der Informationen Zeit.

Mündliche Informationen

Wenn Sie Texte mit Business Mind Mapping® aufzeichnen, können Sie jederzeit bestimmte Passagen, die Sie nicht auf Anhieb verstanden haben, nochmals nachschlagen. Bei mündlichen Informationen haben Sie in aller Regel keine „zweite Chance". Deshalb sollten Sie schon über etwas Übung in Business Mind Mapping® verfügen, bevor Sie versuchen, beispielsweise

Referate, Meetings oder Telefongespräche mit dieser Technik zu erfassen.

Beginnen Sie mit „geringem Risiko", etwa indem Sie anhand von Kassettenaufnahmen von Radiosendungen oder mit Videos von Dokumentarfilmen oder Informationssendungen „trainieren". Zum Einstieg können Sie Business Mind Maps® auch bei Seminaren anfertigen, zu denen es ohnehin schon ausreichend Skripten gibt, oder Sie bilden ein Team mit einer zweiten Person, die sich lineare Notizen macht. Achten Sie auch bei Mitschriften auf die wichtigsten zehn Prozent an Informationen, also die Schlüsselwörter. Bereiten Sie die Hauptäste bereits vor Beginn Ihrer Business Mind Map®-Mitschrift vor, um später Zeit zu sparen.

Anfangsschwierigkeiten resultieren oft daraus, daß der Ablauf, in dem ein Sprecher bestimmte Daten und Fakten darbietet, tatsächlich ungeordnet ist, oder Sie nicht auf Anhieb in der Lage sind, seine Struktur zu erkennen. Lassen Sie sich davon nicht entmutigen, und versuchen Sie die Anwendung von Business Mind Mapping® für Mitschriften erneut. Mit der Zeit werden Sie feststellen, daß es Ihnen gerade mit dieser Technik gelingen kann, jede Art von Information zu strukturieren und in der für Ihre persönlichen Anliegen relevanten Art zu ordnen.

Die Ergebnisse eines Meetings aufzeichnen

Durch die Business Mind Mapping®-Technik können alle wichtigen Erkenntnisse bei Besprechungen mit wenig Zeitaufwand gut strukturiert und erfaßt werden. Die abgebildete Business Mind Map® ist die vom Programmleiter angefertigte Mitschrift eines Meetings von Mitarbeitern eines großen österreichischen Verlages. Thema waren Maßnahmen zur Umsatzsteigerung im kommenden Quartal. Neben dem Programmleiter nahmen der Marketingleiter, Außendienstmitarbeiter, die Lektorin sowie die Presseverantwortlichen teil.

„Durch die Business Mind Mapping®-Technik konnte ich alle Vorschläge der bei dem Meeting anwesenden Personen erfassen. Dadurch ist es uns im Anschluß auch gelungen, einen überschaubaren und erfolgreichen Aktionsplan für die folgenden Geschäftsmonate zu entwickeln", meint der Programmleiter.

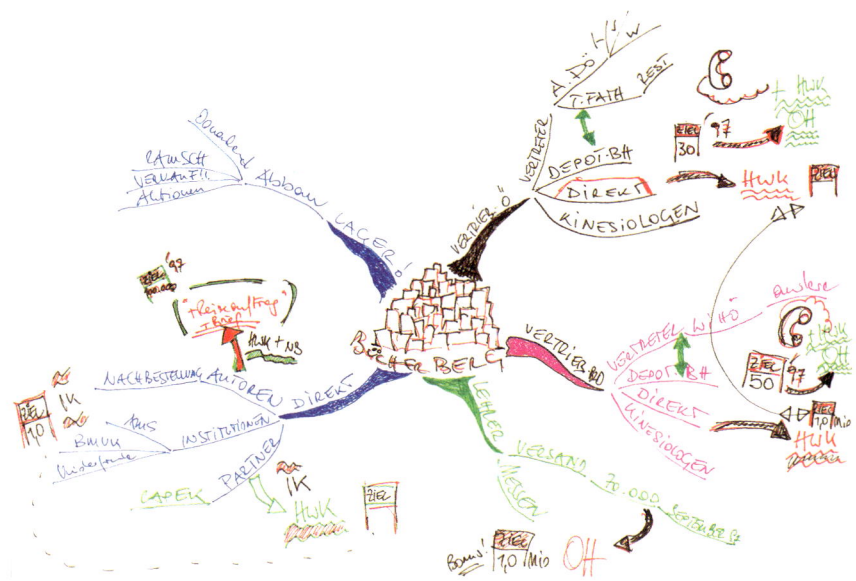

Mitschriften anfertigen

Üben Sie die Verwendung von Business Mind Mapping® für Mitschriften. Wählen Sie zunächst ein Ihrer Meinung nach relativ
leicht erfaßbares Referat, Meeting oder Gespräch aus. Verwenden
Sie nach Möglichkeit zur Sicherheit auch einen Kassettenrekorder,
um die mündlichen Informationen aufzunehmen. Sie können diese
Seite für das Zeichnen Ihrer Business Mind Map® benutzen.

Im Überblick:
Die Ideen anderer ordnen

Auf dieser Doppelseite sehen Sie die wichtigsten Anwendungsbereiche von Business Mind Mapping® für das Erfassen der Ideen anderer. Ein relativ einfach strukturiertes Praxisbeispiel dafür wurde in diesem Kapitel vorgestellt.

Komplexer strukturierte Business Mind Maps® von Ideen anderer Menschen finden Sie etwa in diesem Kapitel auf Seite 88, in Kapitel VIII auf den Seiten 126, 132 und 133 sowie in Kapitel IX auf Seite 148.

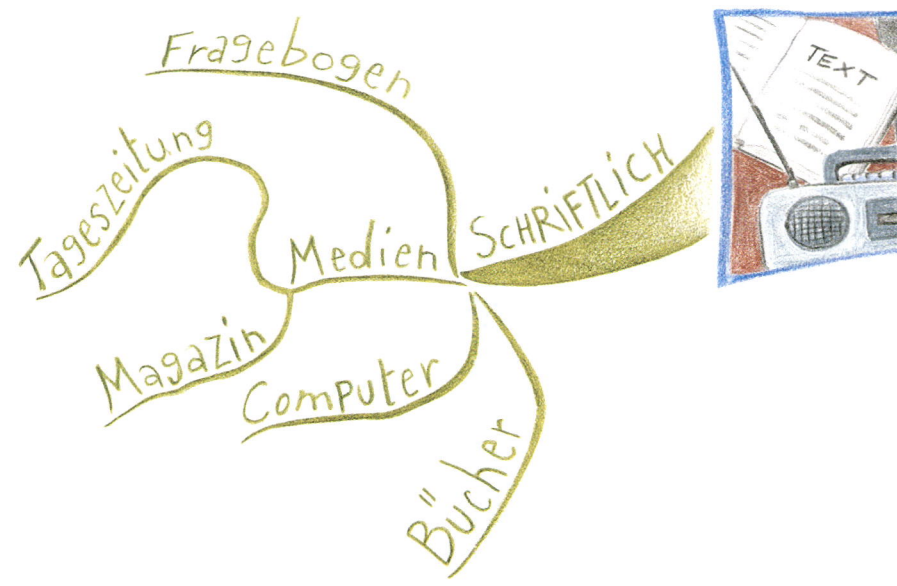

Master-Business Mind Maps®

Master-Business Mind Maps® dienen der Abdeckung eines relativ großen Wissensbereiches, etwa indem Sie den Inhalt ganzer Lehrbücher oder zahlreiche Informationen für langfristige Projekte veranschaulichen. In Master-Business Mind Maps® werden besonders wichtige Daten und Schlüsselwörter aus einzelnen Business Mind Maps® zusammengefaßt.

Auf der nächsten Doppelseite finden Sie als Praxisbeispiel eine Master-Business Mind Map® von Kevin Dalley, Manager für Informationssysteme bei Boots Healthcare International, einem britischen Pharma-Unternehmen mit Jahresumsätzen von mehr als 300 Millionen Pfund.

Die Original-Version der Zeichnung wurde im A3-Format angefertigt. Sie faßt die Ergebnisse einer zweitägigen Experten-Konferenz zum Thema Intranet zusammen.

Dalley zeichnete zunächst rund zehn Business Mind Maps® zu den Referaten einzelner Intranet-Spezialisten. Außerdem ergänzte er dieses Wissen durch das Studium von Büchern zum Thema und erstellte zu seiner Lektüre nochmals „geistige Landkarten".

„Das ergab eine riesige Menge an wissenswerten Details. Deshalb beschloß ich, eine einzige große Master-Business Mind Map® anzufertigen, um die Informationen leichter an andere Mitarbeiter von BHI weitergeben zu können", meint Dalley. Zunächst, so der britische Manager, habe er versucht, die Schlüsselthemen und -konzepte aus allen einzelnen Business Mind Maps® zu erfassen und dabei mit Bleistift und Radiergummi gearbeitet, um die Struktur seiner Master Business Mind Map® laufend verändern zu können.

„Dabei ist mir unter anderem klar geworden, daß das zentrale Thema für meine große Zeichnung nicht ‚Intranet', sondern ‚Wissenstransfer' lauten muß", meint Dalley. „Die Master-Business Mind Map® erinnert mich jetzt sofort wieder an jedes einzelne wissenswerte Detail. Dazu muß ich sie nicht einmal vor mir liegen haben, es genügt, wenn ich mir ihre Gestalt vorstelle und sie dadurch sozusagen geistig vor Augen habe."

83

Das Wesentliche zusammenfassen

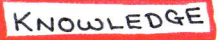

Die auf dieser Doppelseite abgebildete Master-Business Mind Map® von Kevin Dalley faßt den Inhalt mehrerer Expertenreferate und Bücher zum Thema „Intranet" zusammen. Sie ist ein bemerkenswertes Beispiel dafür, wie mit der Business Mind Map®-Technik auch große Mengen von Informationen „gespeichert" werden können.

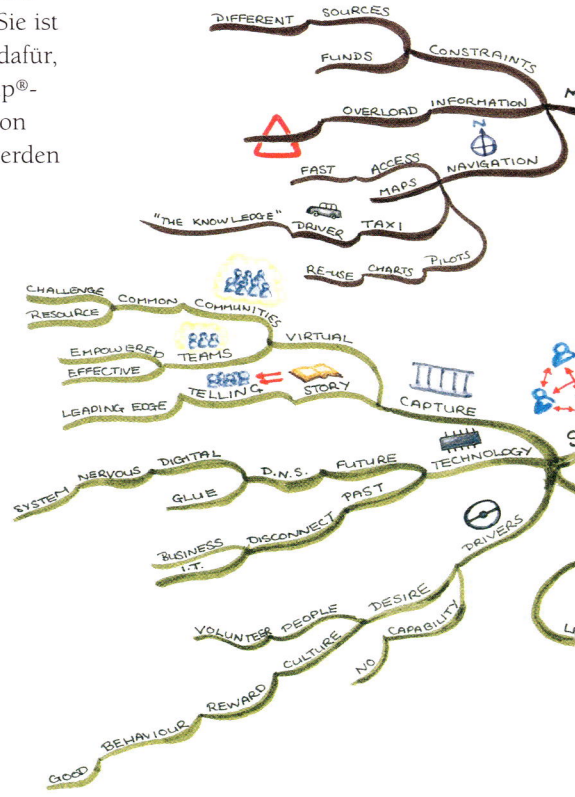

INTRANET

WHY
- COMMUNICATION
- MEMORY
- GROUP
- COLLABORATION — RE-USE
- CATALYST — SHARE
  - KNOWLEDGE — HIDDEN
  - INNOVATION — CONSTRAINTS

STRUCTURE
- RIGID
- LOOSE — FLEXIBLE
  - LIBERAL

DEVELOPMENT
- COMMON SENSE — IT
- K.I.S.S. — KEEP IT SIMPLE STUPID
- READJUST — CONSTANTLY
- LOG — EVERYTHING
- COMMUNICATE — CONSTANTLY

TYPES

EXPLICIT
- INFORMATION
- MEASURE — HARD — "NEWTON"
- RESIDES — PHYSICAL — FILES / SYSTEM

TACIT
- MEASURE — "HEISENBERG" UNCERTAINTY ????
  - SOFT
  - TRACES
- RESIDES — PEOPLE
- FACILITIES — CREATION — IDEAS — NEW
  - INNOVATION
- MEMORY — CORPORATE — LESSONS — LEARNED

CRITERIA
- COMMUNITIES OF INTEREST
- CASUAL CONVERSATION
- POLITICS "POSITICS" POSITIVE USE OF
- TRUST "OIL" ENABLER
- SOCIAL NOISE
- SERENDIPITY

APPLY
AGAINST

Business Mind Maps®
im Teamwork erarbeiten

Das Erstellen von Business Mind Maps® in Gruppenarbeit erbringt Ergebnisse, die weit über jene von üblichen „Brainstorming-Prozessen" hinausgehen. Mit Business Mind Mapping® kann das individuelle Wissen und der besondere Blickwinkel jedes einzelnen Mitglieds eines Teams erfaßt werden. Das Arbeiten in der Gruppe ermöglicht jedem Teilnehmer zudem, sein Spektrum an möglichen Assoziationen nochmals um ein Vielfaches zu erweitern.

Die folgende Vorgangsweise hat sich für das Anfertigen von Business Mind Maps® im Teamwork bewährt:

1 Zunächst muß das zentrale Thema klar definiert werden. Dann sollte jeder Teilnehmer circa eine Stunde lang eine Business Mind Map® erstellen und sie bei Bedarf auch nochmals überarbeiten. Das Hauptaugenmerk sollte dabei auf der Suche nach gut geeigneten „Kapitelüberschriften" für die Hauptäste liegen.

2 Bei einer anschließenden Diskussion in Kleingruppen können die Ideen anderer Teammitglieder den jeweiligen individuellen Business Mind Maps® hinzugefügt werden.

3 Anschließend wird die erste Business Mind Map® des gesamten Teams auf Papier in sehr großem Format erarbeitet. Es zeichnen entweder alle Teilnehmer, einzelne Vertreter der Kleingruppen oder eine Person, die als „Sekretär" fungiert. Alle nun von den Teilnehmern abgegebenen Vorschläge für Hauptäste und Verzweigungen sollten erfaßt werden.

4 Die erste Version der Teamwork-Business Mind Map® sollte sodann nochmals einzeln und anschließend in Kleingruppen überdacht werden.

5 Nach dieser neuerlichen Nachdenkphase wird eine zweite, verbesserte Version der Teamwork-Business Mind Map® erstellt. Abschließend können die Strategien und zukünftigen Maßnahmen, die sich daraus ergeben sollten, nochmals diskutiert werden.

Das gesamte Unternehmen präsentieren

Das Anwendungsbeispiel zeigt, wie ein Kleinunternehmen sich selbst in Form einer Teamwork-Business Mind Map® definiert. Die wichtigsten Aspekte der Coporate Identity, wie Tradition, Ressourcen und Zukunftsziele wurden von allen Mitarbeitern der Firma gemeinsam erarbeitet.

Die Teamwork-Business Mind Map® ist als großes Plakat in der Eingangs-

halle des Betriebes ausgestellt. Die Nummern verweisen auf zusätzliche Informationsmöglichkeiten, wie etwa Fotos, Texte, Dokumente oder ausgestellte Produkte.

Die Teamwork-Business Mind Map® gibt also sozusagen in zweidimensionaler Form die Struktur für eine dreidimensionale Ausstellung im Eingangsbereich vor.

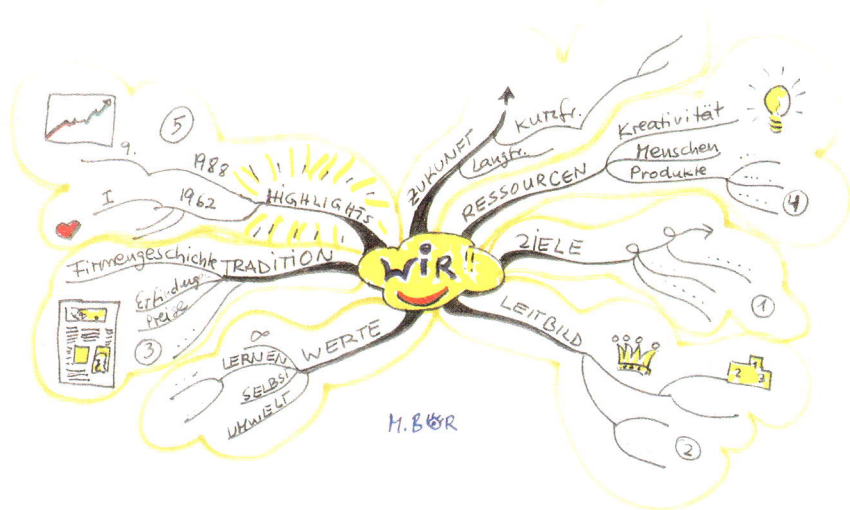

Vorbereitung eines Firmentrainings

Die Teamwork-Business Mind Map®
auf dieser Doppelseite gibt die
Ergebnisse eines Meetings wieder, bei
dem ein firmeninternes Training des
großen österreichischen Versicherungsunternehmens Generali AG vorbereitet
wurde. Sie wurde von Peter Capek,
Geschäftsführer des Buzan Centres
Austria und Charles La Fond, Geschäftsführer des Business Language
Centers in Wien, gezeichnet.

„An der Entstehung der Teamwork-
Business Mind Map® war außerdem
ein Ausbildungsmanager von Generali
beteiligt", erzählt Capek. „Jeder hatte
zunächst andere Ansichten zum
Ablauf des Trainings, doch durch den
Business Mind Mapping®-Prozeß ist
es uns gelungen, alle Vorstellungen zu
integrieren." Dies, so der Buzan
Centre Austria-Geschäftsführer, habe
sich auch positiv auf das Training aus-
gewirkt, das sehr erfolgreich gewesen
sei.

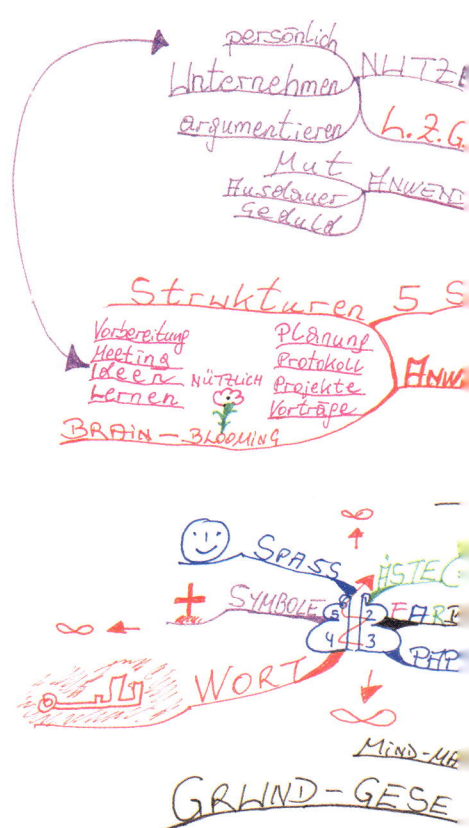

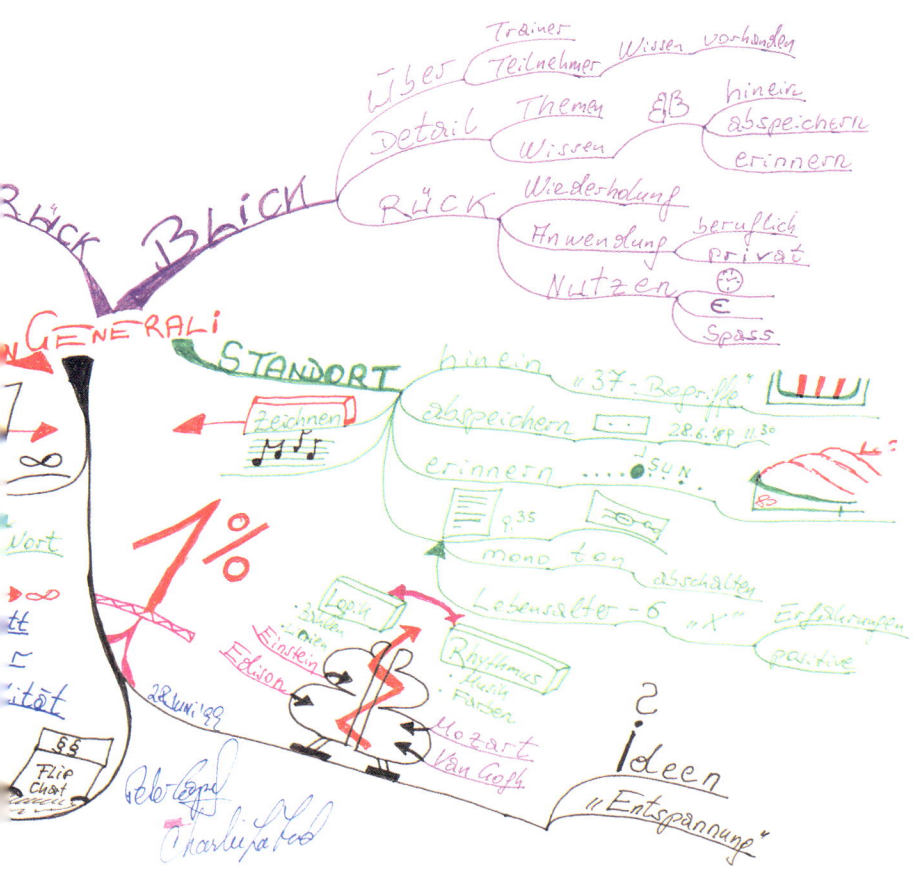

DENKPROZESSE

Vorschau

●

In diesem Kapitel wird beschrieben, wie
Business Mind Mapping® Ihnen dabei helfen kann,
schwierige Entscheidungen zu treffen.

●

Sechs Arbeitsschritte, die diesen Vorgang
erleichtern, sowie eine Business Mind Map®-
Vorlage dazu werden präsentiert.

●

Ein Praxisbeispiel zeigt, wie komplexe
Entscheidungen getroffen werden können.

●

Sie erfahren, wie Sie einen Überblick über
Problemstellungen gewinnen und dadurch
Lösungsansätze finden können.

●

Drei weitere Praxisbeispiele veranschaulichen, wie
Business Mind Mapping® in großen und mittleren
Unternehmen erfolgreich angewandt wird,
um neue Prozesse zu generieren.

Entscheidungen treffen

In den meisten Berufen müssen laufend zahlreiche Entscheidungen gefällt werden. Viele davon zählen zur täglichen Routine, es gibt aber auch Entscheidungen, die uns oft über Tage oder sogar Wochen hinweg beschäftigen. Eine Business Mind Map® kann dabei helfen, unter mehreren Alternativen die richtige zu wählen. Beispielsweise wenn es darum geht, ob Sie eine teure Investition tätigen sollen oder nicht, ob Sie einen Vertrag unterzeichnen oder Ihren Job wechseln sollen.

Auf der Nebenseite finden Sie eine Art „Vorlage" dafür, wie Sie eine Business Mind Map® zur Entscheidungsfindung anfertigen können. Wenn Sie dieses Modell in die Praxis umsetzen, sollten Sie den folgenden sechs Arbeitsschritten entsprechend vorgehen:

1 Sie beschreiben bzw. zeichnen die Entscheidung in der Mitte so, als ob Sie diese bereits getroffen hätten, zum Beispiel: „Eine Filiale in München eröffnen".

2 Auf der „+ve"-Seite fügen Sie Hauptäste und Verzweigungen mit positiven Argumenten hinzu, auf der „-ve"-Seite solche mit negativen.

3 Ohne dabei an die negativen Aspekte zu denken, bewerten Sie Ihre positiven Argumente mit einer Zahl zwischen 0 und 100. Mit den negativen Argumenten verfahren Sie ebenso.

4 Wenn die Differenz zwischen den beiden Werten kleiner als 10 ist – also beispielsweise 75 für die positiven und 67 für die negativen Argumente – dann sollten Sie über weitere Alternativen zu Ihrer Entscheidung nachdenken. Diese können Sie am „Xve"-Hauptast hinzufügen.

5 Aus den neuen Möglichkeiten kann dann eine weitere Business Mind Map® entstehen.

6 Wiederholen Sie diesen Prozeß so lange, bis Ihre Entscheidung eindeutig ist.

Die hier abgebildete Business Mind Map®-Vorlage stammt von dem Wirtschaftscoach Lex McKee. Sobald Sie entsprechend den sechs bereits beschriebenen Schritten eine eindeutige Entscheidung getroffen haben, können Sie zur Tat schreiten. Alles, was dafür nötig ist, kann dann an den Hauptast mit dem „Arbeitersymbol" hinzugefügt werden.

Den Firmensitz verlegen?

Vanda North, Co-Autorin dieses Buches und Geschäftsführerin der internationalen Buzan Centres, stand vor einigen Jahren vor der schwierigen Entscheidung, ob sie den Sitz ihrer eigenen Firma verlegen sollte. Der Umzug war nicht nur mit finanziellen Risiken verbunden, sondern es stellte sich auch die Frage, wie die Mitarbeiter darauf reagieren würden.

North beschloß deshalb, diese Entscheidung gemeinsam mit dem Team ihrer Firma anhand einer Business Mind Map® zu treffen. Zunächst wurden jene Hauptaspekte des möglichen Umzugs definiert, die jeden Mitarbeiter betreffen – wie etwa Probleme, Zukunftsperspektiven, Kosten oder Raumangebot. In jeweils einer einheitlichen Farbe wurden zu diesen Aspekten die Konsequenzen eines Umzugs bzw. des Verbleibens am alten Firmensitz hinzugefügt. Jeder Mitarbeiter konnte diese Detail-Ergebnisse der Business Mind Map® mit einer Zahl von -100 bis +100 bewerten. Daraus ergaben sich zuletzt Durchschnittswerte, die in Summe für den Umzug sprachen.

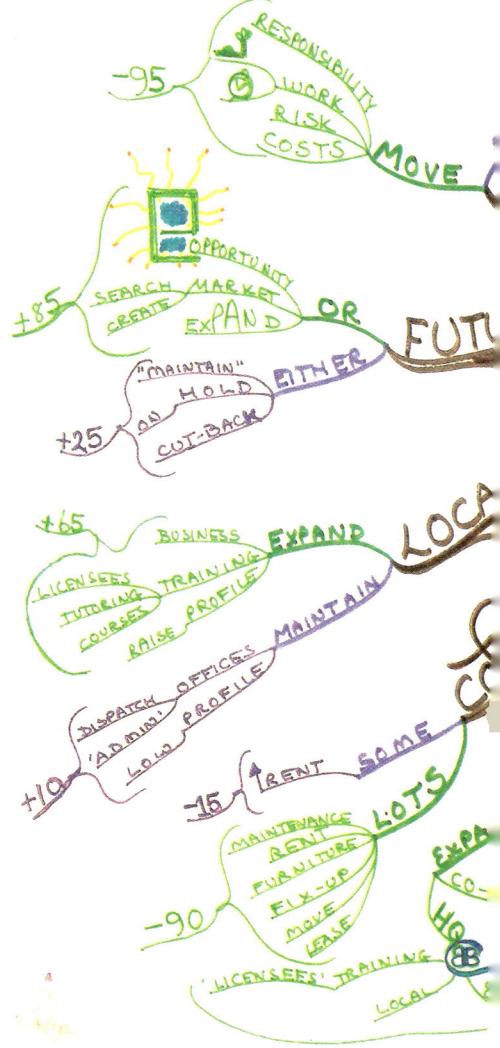

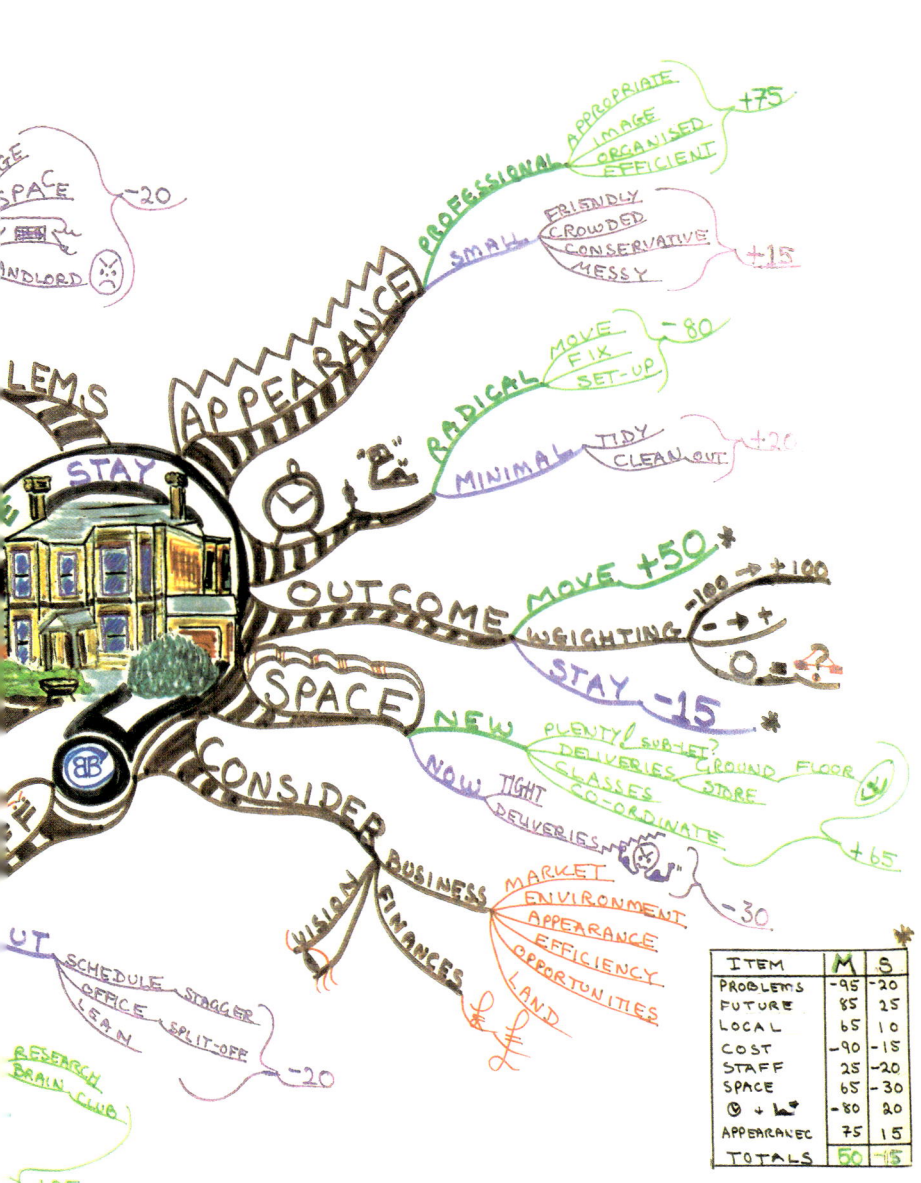

ITEM	M	S
PROBLEMS	-95	-20
FUTURE	85	25
LOCAL	65	10
COST	-90	-15
STAFF	25	-20
SPACE	65	-30
⏰ + 💼	-80	20
APPEARANCE	75	15
TOTALS	50	-15

Probleme lösen

In jedem Berufsbereich treten auch immer wieder Probleme technischer oder organisatorischer Art auf. Manche davon erscheinen den betroffenen Mitarbeitern oft unlösbar. Ein weitverbreiteter Fehler ist es, sich zunächst übereilt auf das Problem „zu stürzen" und es dann beiseite zu schieben, wenn nicht schnell eine Lösung gefunden wird. In einigem zeitlichen Abstand werden vielleicht neue Versuche dieser Art unternommen, doch sie bleiben meist abermals erfolglos.

Deshalb ist vor allem wichtig, sich zuerst die Zeit zu nehmen, das Problem zu definieren, zu analysieren und nach Möglichkeit die Ursachen dafür zu bestimmen. Business Mind Mapping® kann bei diesem Prozeß eine wertvolle Hilfe sein – von einzelnen Personalproblemen bis hin zu finanziellen Schwierigkeiten des gesamten Unternehmens.

Selbst wenn jemand bereits in eine scheinbar unlösbare Aufgabe „verstrickt" ist und deshalb den Überblick verloren hat, kann mit dieser Methode wieder eine klare und umfassende Sichtweise gewonnen werden. Mit Business Mind Maps® können Sie Probleme sozusagen wieder „von außen sehen", wodurch dann oft wie von selbst praktikable Lösungen zustande kommen.

Ein interessantes Beispiel dafür, wie Business Mind Maps® in der Praxis bei der Beseitigung von Schwierigkeiten eingesetzt werden können, stammt aus dem Unternehmen Acer Computer, einem Global Player in seiner Branche:

Max Hung, der Geschäftsführer von Acer in Miami, USA, war unter anderem auch für den Vertrieb in Lateinamerika zuständig. Seine Account Manager standen vor dem Problem, daß sie Anfragen aus Lateinamerika erhielten, diese nach Taiwan weitersandten, mindestens einen Tag lang auf die Antwort warten mußten und dann erst reagieren konnten. Durch diese Verzögerungen verlor Acer Marktanteile.

In Kooperation mit dem Unternehmensberater Richard Israel erarbeitete Max Hung deshalb Business Mind Maps® zur Definition des Problems und zur Sammlung von Informationen dazu. Es zeigte sich, daß 80 Prozent der von der Acer-Zentrale in Taiwan benötigten Informationen bereits in Miami vorhanden waren. In Form von Betriebshandbüchern, die nur als Staubfänger dienten.

Nun wurde ein Aktionsplan erstellt. Der erste Schritt war, die Account Manager in Business Mind Mapping® zu unterrichten. Anschließend wurden die wichtigsten Informationen aus den Bedienungsanleitungen auf Business Mind Maps® erfaßt.

Die Zeichnungen wurden an den Wänden des Verkaufsbüros in Miami angebracht, sodaß sie jeder Mitarbeiter leicht sehen konnte. Jetzt

konnte jeder von ihnen die meisten Anfragen bereits nach einem einzigen Blick auf die Business Mind Maps® beantworten. Durch den verbesserten Kundenservice konnten die Umsätze und der Marktanteil von Acer innerhalb von wenigen Monaten gesteigert werden.

Vorteile von Business Mind Mapping® zur Problemlösung

● Die offene Struktur von Business Mind Maps® ermöglicht, Informationen und Beiträge von allen Mitarbeiten zu erfassen.

● Jeder Mitarbeiter bekommt einen umfassenden Überblick.

● Sämtliche Zusammenhänge, in denen das Problem steht, werden sichtbar.

● Der assoziative Aufbau von Business Mind Maps® erleichtert es, praktikable Lösungsmöglichkeiten zu erkennen.

Verhandlungen
mit einer Bank

Wer gut vorbereitet in Verhandlungen geht, hat auch mehr Chancen, bei diesen seine Ziele zu erreichen. Das gilt wohl besonders, wenn es um Geld geht. Das dachte sich auch Jerry Hocutt, Chef der Verkaufstrainingsfirma Hocutt & Associates mit Sitz in Seattle, USA. „Wir waren mit dem Problem konfrontiert, daß unsere Bank den Diskontsatz bei Annahme von Kreditkarten von 2,24 auf 2,51 Prozent erhöhen wollte, und beschlossen, mit Business Mind Mapping® eine Verhandlungsstrategie vorzubereiten", erzählt Hocutt.

Die Zielsetzung des Unternehmens war, nicht nur keine Erhöhung, sondern sogar eine Verringerung des Diskontsatzes zu bewirken und zugleich ein gutes Verhandlungsklima für die Zukunft zu bewahren. Beides wurde erreicht. „Besonders hilfreich war, daß wir durch den Business Mind Mapping®-Prozeß nicht nur unsere Verhandlungstaktik, sondern auch mögliche Gegenargumente der Bank bereits im vorhinein überdachten", meint Hocutt.

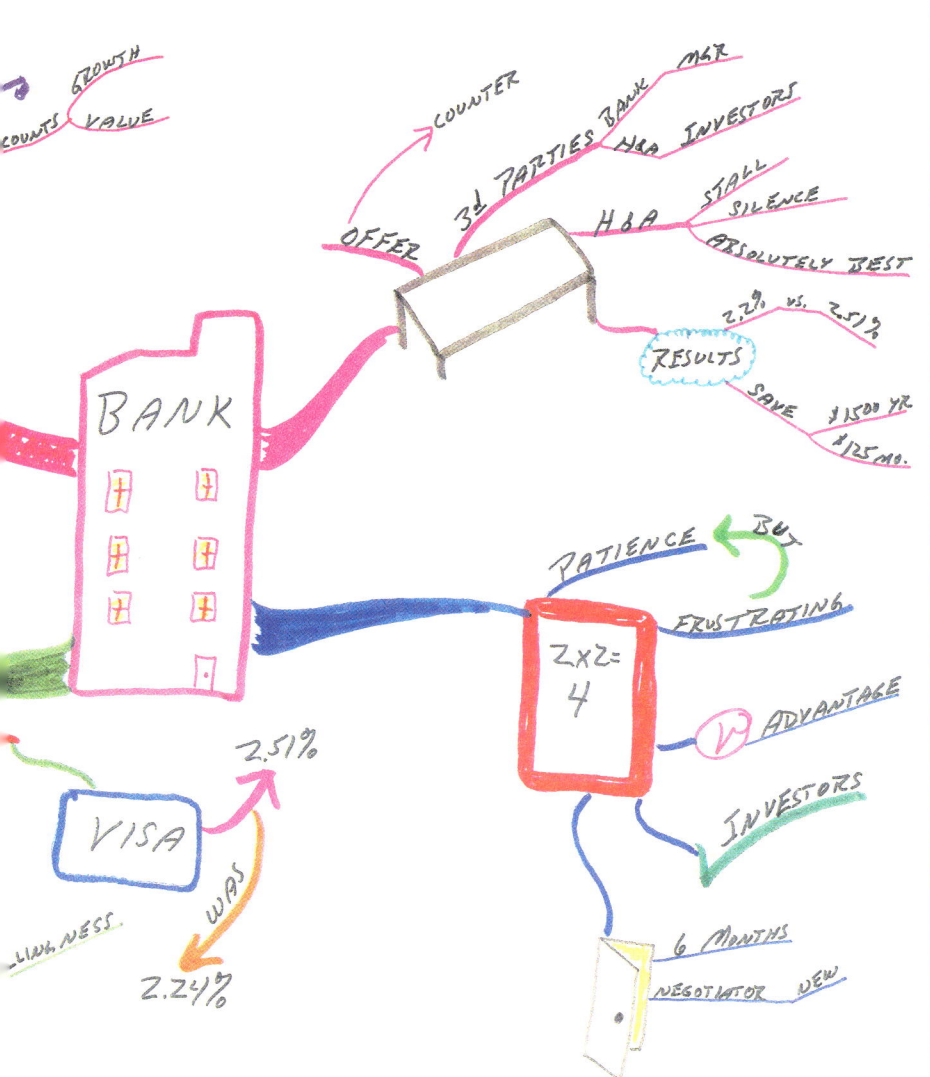

Neue Wege bei IBM

Sandy Hahn, Managerin für internationale Verrechnungsangelegenheiten bei IBM, setzt Business Mind Maps® nicht nur zur Erarbeitung von Problemlösungen, sondern anschließend auch zur Aufgabenverteilung an ihre Mitarbeiter ein – entsprechend deren jeweiligen persönlichen Stärken.

Hahns Business Mind Map® auf dieser Doppelseite zeigt, wie sich ihr Team dem Problem der Verbesserung des internationalen Prozesses für die Abgabenrückerstattung annäherte. Dabei mußte die Organisation dieses Vorgangs für insgesamt 50 Länder optimiert werden.

„Wir haben Business Mind Mapping® in allen Projektstadien eingesetzt", sagt Hahn. „Letztlich ist es uns dadurch gelungen, den Rückstand bei Abgabenrückerstattungen auf Null zu reduzieren, die Kundenzufriedenheit deutlich zu erhöhen und wesentliche Einsparungen zu erzielen."

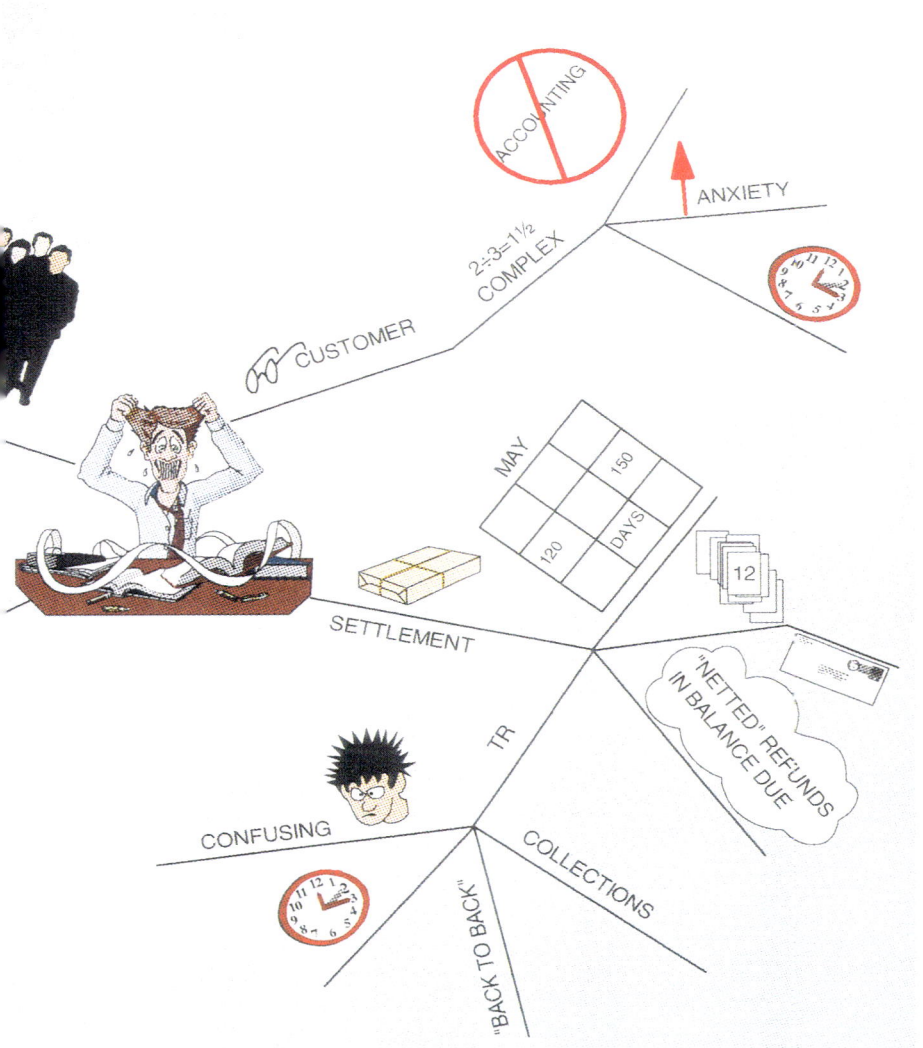

Rohstoff-Versorgung bei einem Pharma-Unternehmen

Gareth Morris, Master Trainer der Buzan Centres für Großbritannien und Mitglied der Royal Society of Chemistry, hat für einen pharmazeuti-schen Produktionsbetrieb zwei Business Mind Maps® zu Problemen der Rohstoff-Versorgung angefertigt. Die erste mit dem Titel „Raw Materials

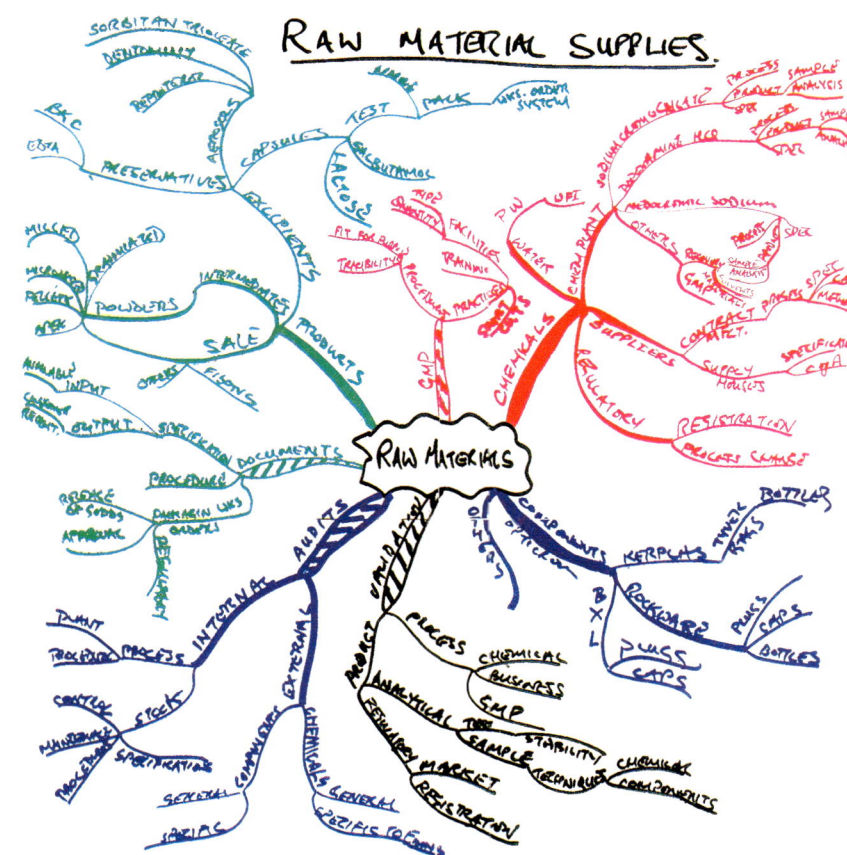

Supplies" analysiert alle Aspekte des Rohstoff-Nachschubs und -Bedarfs in dem Pharmabetrieb.

Gareth Morris' zweite Business Mind Map® zur Analyse von Fragen der Rohstoff-Versorgung in einem Pharma-Betrieb trägt den Titel „Raw Materials Issues". Von den wesentlichen Aspekten zu diesem Thema ausgehend,

führt sie zu den Hauptfragen und Anforderungen, die sich in einzelnen Bereichen der Rohstoffversorgung ergeben.

„Auf dieser Basis wurden in dem Betrieb sodann Problemlösungsteams zur Prozeßverbesserung in den verschiedenen Bereichen zusammengestellt", erklärt Morris.

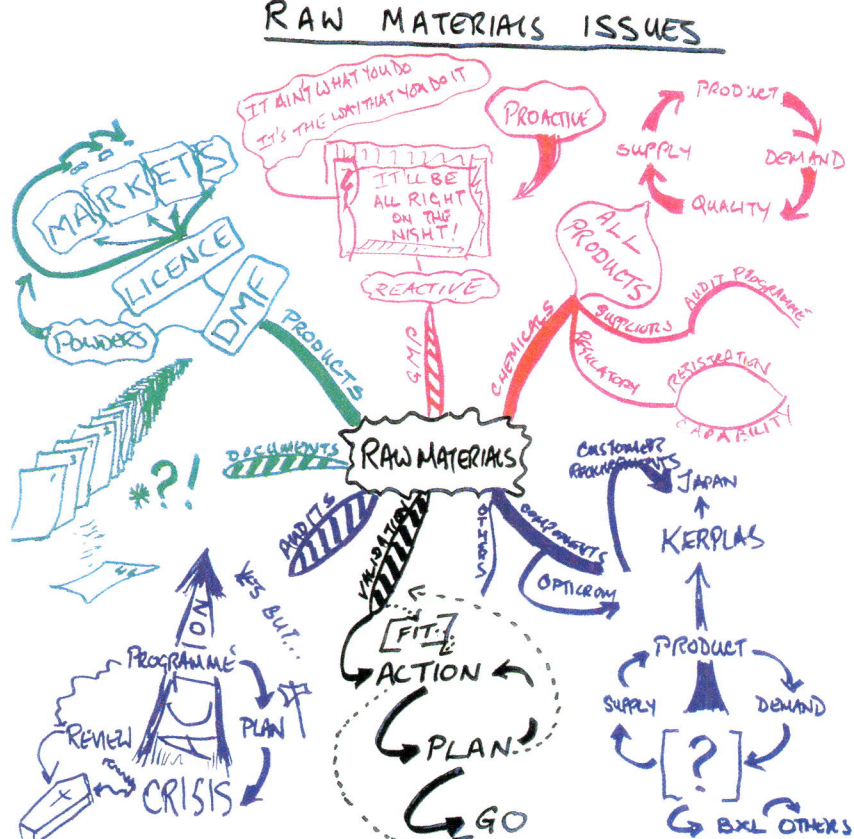

Kapitel VII

MANAGEMENT

Vorschau

In diesem Kapitel wird beschrieben, wie ein sechsstufiges Denkmodell in Verbindung mit Business Mind Mapping® zur Prozeßoptimierung eingesetzt werden kann.

Sie lernen Anwendungsformen von Business Mind Mapping® für die Planung von Projekten kennen.

Eine Business Mind Map® aus der Filmbranche veranschaulicht, wie umfangreiche Aktivitäten auf die Sekunde genau geplant werden können.

Sie können nachlesen, wie eine Veranstaltung stressfrei vorbereitet werden kann.

●

Die Zeitplanung mit Business Mind Mapping® wird anhand von Praxisbeispielen beschrieben.

●

Eine Vorlage mit fantasievollen Ideen für die Tagesplanung wird vorgestellt.

Mit Köpfchen
zum Erfolg

M anagementprozesse, die wir allgemein als Planungs-, Organisations- und Führungsaufgaben definieren wollen, können in zahlreichen Bereichen durch die Business Mind Mapping®-Methode verbessert werden. Das Spektrum reicht von Produktdesign über die Planung von Projekten oder Meetings bis zum Informationsmanagement und der Zeiteinteilung. Praxisbeispiele und Erklärungen dazu finden Sie in diesem und den folgenden Kapiteln.

Zunächst wollen wir Ihnen jedoch ein grundlegendes Modell zur Optimierung von Prozessen vorstellen, das von den britischen Consultants Anthony Dottino und Mike Doré auf Basis der Erkenntnisse von Tony Buzan erstellt wurde. Der Ansatz von Dottino und Doré kann sowohl zur Erzielung kontinuierlicher Verbesserungen als auch für Reengineering-Modelle angewandt werden. „Wir empfehlen, bei jeder Form der Verbesserung oder Neustrukturierung von Prozessen die natürlichen Denkmuster des Gehirns zu nutzen", meinen Dottino und Doré.

Davon ausgehend schlagen die beiden Experten für Prozeßverbesserung und -erneuerung ein sechsstufiges Denkmodell vor:

1 Jede Veränderung sollte damit beginnen, daß die im Idealfall erwünschten Ergebnisse eines Prozesses eindeutig bestimmt werden. Solche Ziele können beispielsweise Kosteneinsparungen, Zeitersparnisse oder Qualitätsverbesserungen sein. Bei der Definition der erwünschten Resultate sollte versucht werden, sie aus der Warte der Kunden zu sehen. „Schnelle Lösungen", bei denen nicht darüber nachgedacht oder erfragt wurde, was die Kunden wünschen, sind in aller Regel keine guten Lösungen für komplexe Fragestellungen.

2 Der zweite Schritt besteht in der Erarbeitung eines Gesamtbildes der Arbeitsweise und des Marktauftrittes des Unternehmens. Dabei zeigt sich oft, daß Aufgaben so erledigt werden, wie es „schon immer gemacht wurde" – ohne daß dabei aktuelle Veränderungen von Bedarf und Nachfrage berücksichtigt werden.

3 Anschließend wird der Prozeß nach logischen Gesichtspunkten in einzelne Aktivitäten oder Ereignisse unterteilt. Nun sollte festgestellt werden, welche Sichtweisen oder Normen in den für die einzelnen Aktivitäten zuständigen Abteilungen bestehen. Um die Effizienz der Arbeitsabläufe zu steigern, sollten sie in Relation zu den idealen Zielsetzungen für den Prozeß gesetzt werden. Nur durch echte neue Herausforderungen kann der Ist-Zustand verändert werden.

4 Der vierte Schritt besteht in der Etablierung von klaren Maßstäben für den Erfolg der bisherigen Aktivitäten. In aller Regel sind derartige Richtlinien in den Unternehmen nicht vorhanden, oder sie sind nicht aus Kundensicht definiert. Die Zufriedenheit der Abnehmer sollte jedoch der wichtigste Erfolgsmaßstab sein. Auf der Basis von klaren Maßstäben kann dann Feedback eingeholt und ausgewertet werden.

5 Ausgehend von den neuen Informationen – ob positiv oder negativ – können die laufenden Aktivitäten überprüft werden. Ihr Erfolg in bezug auf die idealen Zielsetzungen für den Prozeß kann nun bestimmt werden. Die notwendigen Korrekturen können jetzt entsprechend ihrer Dringlichkeit geordnet und ausgeführt werden.

6 Der sechste Schritt umfaßt die Erarbeitung von weiteren, alternativen Lösungsmöglichkeiten, die getestet und, falls notwendig, adaptiert werden.

Nun wird das natürliche geistige Kreativpotential jedes Mitarbeiters zu einem Schlüsselfaktor. Denn der sechste Schritt ist nicht damit gleichzusetzen, daß wir am Ziel unseres Weges angekommen wären. Das sechsstufige Modell ist vielmehr selbst als Prozeß zu sehen, der laufend wiederholt werden sollte. Ebenso sollte das gesamte Unternehmen immer wieder von neuem versuchen, die aktuellen Kundenbedürfnisse zufriedenzustellen.

Business Mind Mapping® kann ein nützliches Instrument bei der Umsetzung aller Teilschritte des beschriebenen Modells sein. Es stimuliert die natürlichen Abläufe im menschlichen Gehirn und kann dabei unterstützen, die Anforderungen zur Verbesserung von Prozessen zu erfüllen.

Prozeßoptimierung

Auf der abgebildeten Business Mind Map® ist zu sehen, wie ein von Dottino und Doré beratenes Team von Managern aus der Personal- und der Finanzabteilung eines multinationalen Unternehmens einen wichtigen Bereich seiner Arbeit wesentlich vereinfachen konnte. Ziel des Projektes war es, das Procedere bei der Bezahlung von Berlitz-Sprachstunden für Mitarbeiter in verschiedensten Ländern zu vereinfachen. Durch die verstärkte Berücksichtigung der Sichtweise der betroffenen „Kunden" des Prozesses anhand des sechsstufigen Modells von Dottino und Doré sowie durch die übersichtliche Darstellung in einer Business Mind Map® konnte eine wesentliche Vereinfachung

erzielt werden. Der neue Prozeß brachte Einsparungen von 70 Prozent beim Zeitaufwand und von 80 Prozent bei den Kosten in diesem Arbeitsbereich.

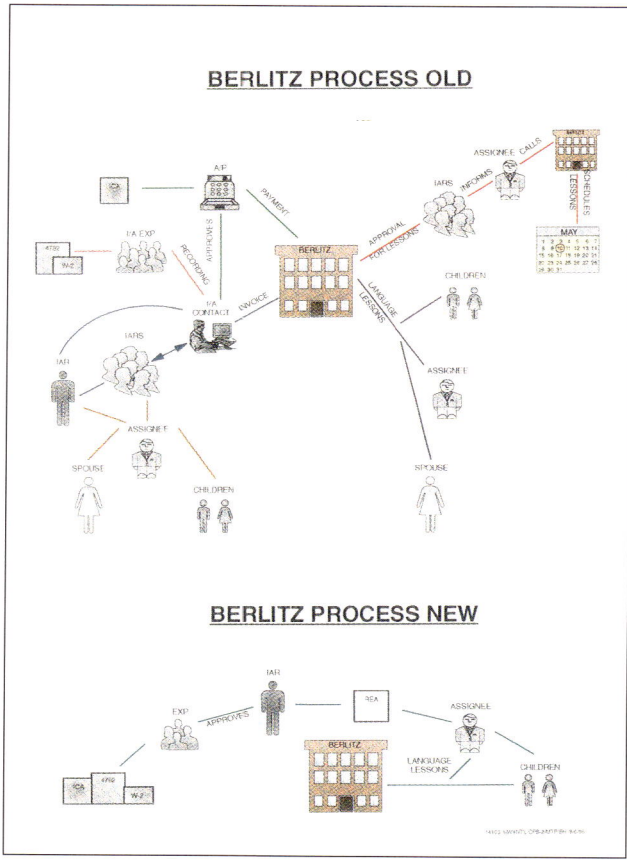

Projekte organisieren

Bei der Planung von Projekten gibt es wiederum einen weiten Anwendungsbereich für Business Mind Mapping® – vom Mailing einer Broschüre bis hin zur Reorganisation ganzer Abteilungen eines Unternehmens. Business Mind Maps® ermöglichen beispielsweise die Erfassung aller Details, die Zuordnung einzelner Bereiche zu bestimmten Personen oder die Festlegung von Terminen für Teilaufgaben oder das gesamte Projekt.

Das Praxisbeispiel auf dieser Seite zeigt, wie Business Mind Mapping®

dabei helfen kann, den Überblick nicht zu verlieren. Die Business Mind Map® wurde von Sandy Hill gezeichnet, einer Ingenieurin für Produktdesign bei Visteon Automotive Systems in Dearborn, Michigan, USA. Während der Entwicklung eines Scheinwerfers hatte sie die Zeichnung ständig auf ihrem Schreibtisch liegen. „Das hilft mir dabei, mich stets an alle wesentlichen Aspekte des gesamten Projektes zu erinnern, während ich die Einzelheiten eines Produktes entwerfe", meint Hill.

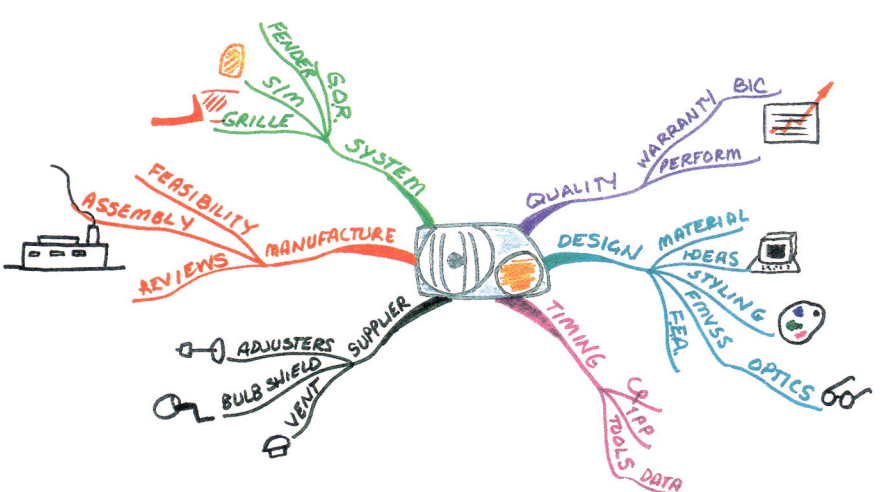

Auf die Sekunde
genau planen

Das Praxisbeispiel auf dieser Doppel-seite zeigt die Projektplanung für einen Film zum Thema „Verbesserung der mentalen Fähigkeiten", der für Trainingszwecke in Unternehmen eingesetzt werden sollte.

Die Business Mind Map® enthält auf Minuten und Sekunden genaue Angaben, wann welcher Aspekt des Themas in der einstündigen Endfassung vorkommen soll. Daten, die beim Schneiden von vielen Stunden Filmmaterial von großer Bedeutung sind.

Die übersichtliche Darstellung wurde von Denny Harris angefertigt, der für seine Dokumentarfilme bereits mit mehreren Preisen ausgezeichnet wurde. Harris hat die Business Mind Mapping®-Methode vor einigen Jahren entdeckt und benutzt sie seither für jedes seiner Projekte.

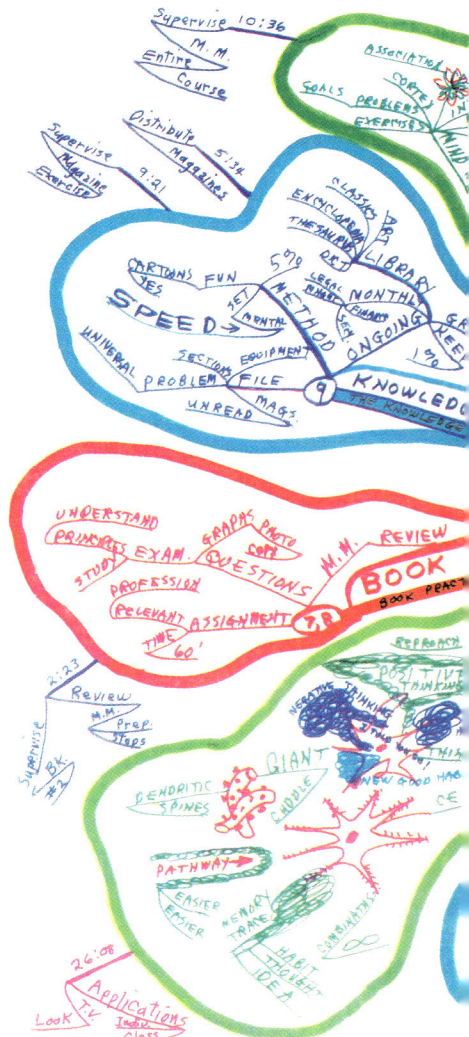

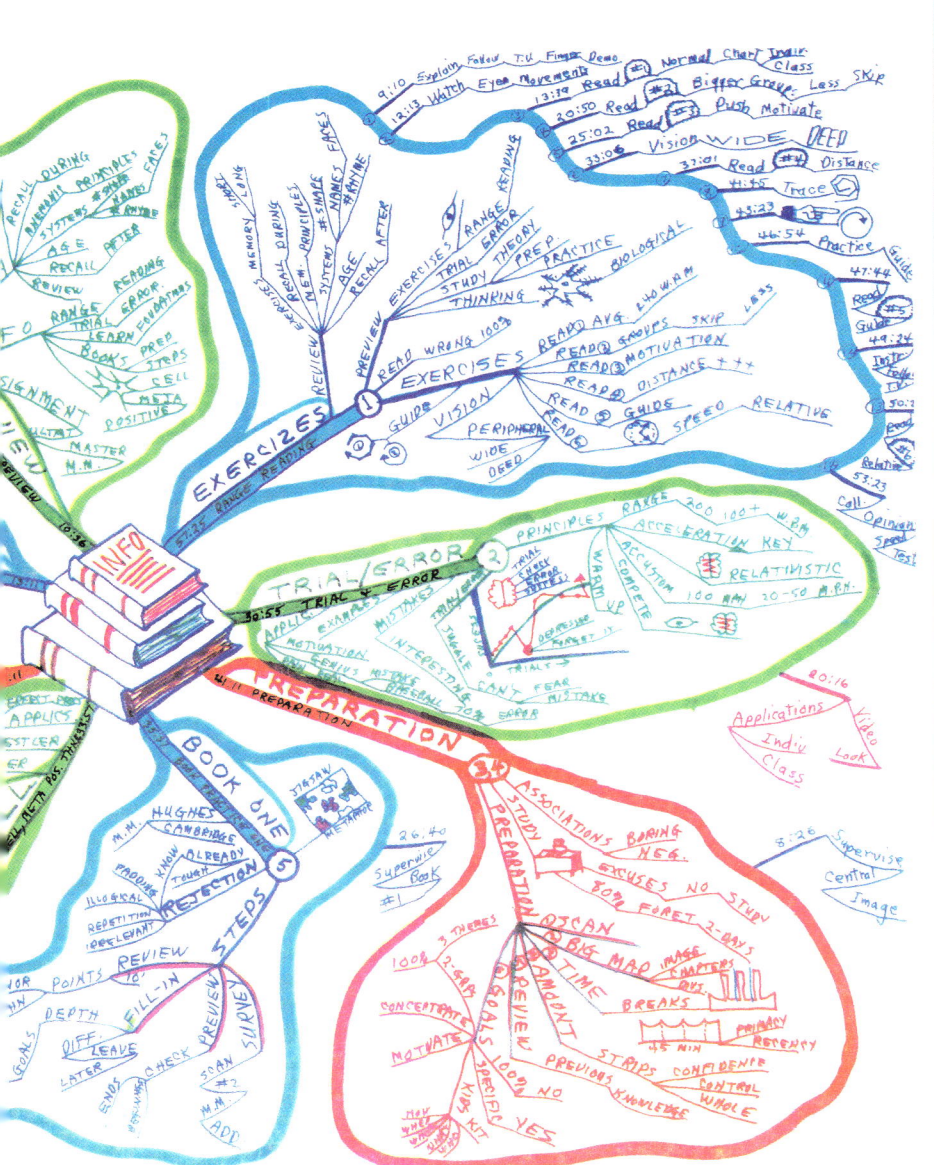

Eine Veranstaltung vorbereiten

Die Planung von Veranstaltungen ist eine Aufgabe, die aufgrund der vielen nicht vorhersehbaren Komplikationen oft mit viel Stress verbunden ist. Um den Überblick nicht zu verlieren, hat Hubert Krenn, Organisationsleiter der „Memoriade", deshalb bereits in der Vorbereitungsphase für diesen Event eine erste Business Mind Map® aller wesentlichen Bereiche gezeichnet.

Die einzelnen Hauptaspekte dieser Veranstaltung, einer Art „Gedächtnis-olympiade" für Jugendliche, wurden dabei klar erkennbar. Neben dem Programmablauf sind dies etwa der Zugang zu den potentiellen Teilnehmern und Sponsoren sowie die PR-Arbeit.

Für jeden Bereich wurden klare Zielsetzungen festgelegt. Zudem konnte auch die Zuordnung von einzelnen Aufgaben an bestimmte Mitarbeiter des Memoriade-Teams vorgenommen werden.

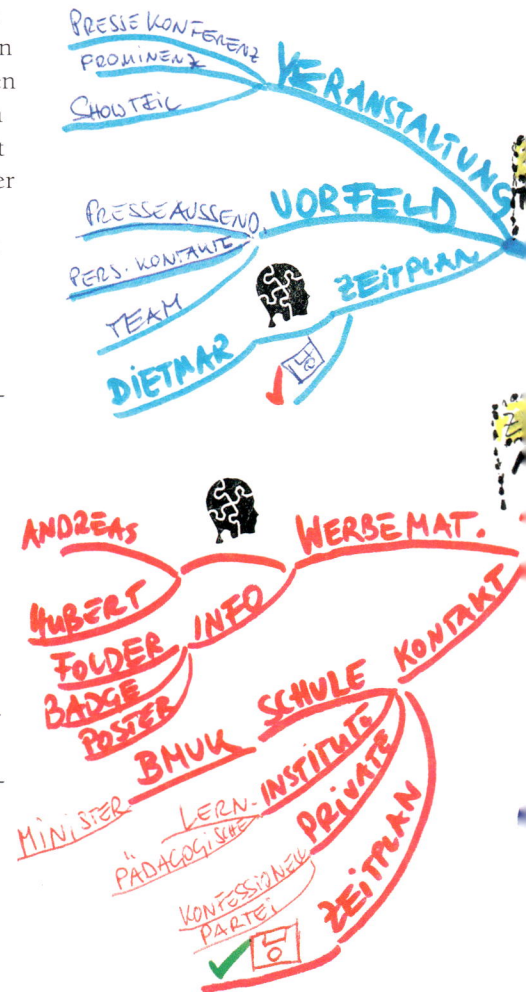

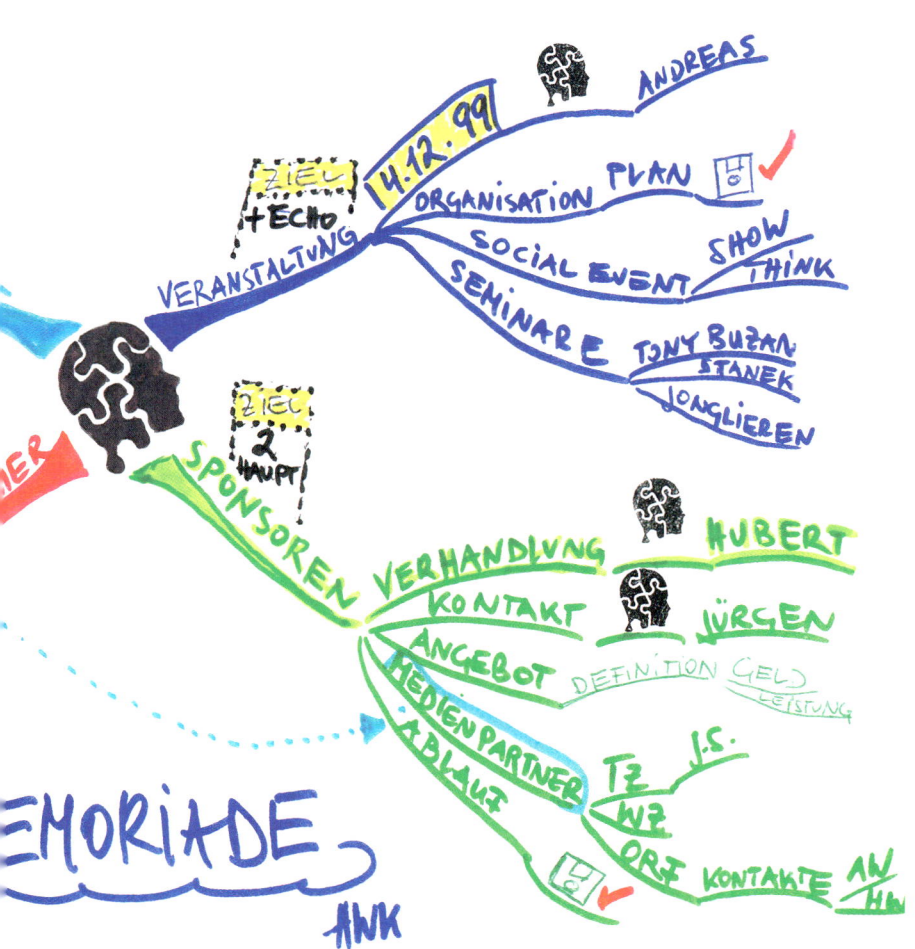

Zeiteinteilung

Prinzipiell können Sie sich mit Business Mind Mapping® über jeden beliebigen Zeitraum rasch einen Überblick verschaffen. Ob es nun um Wochen, Monate, Jahre oder sogar um eine Business Mind Map® mit Ihren Lebenszielen geht. Im folgenden wollen wir als Beispiel für die Zeiteinteilung mit Business Mind Mapping® jedoch die Planung eines Tages beschreiben.

Am besten erstellen Sie eine derartige Skizze Ihres Tagesablaufes möglichst bald nach dem Aufstehen.

Benutzen Sie die Business Mind Map®, um nicht nur alle dringenden Erledigungen zu erfassen, sondern wirklich alle Gedanken, die Ihnen in den Sinn kommen. Ob es sich nun um eine gute Geschäftsidee handelt oder einen brillanten Einfall für ein Gedicht.

Die Zeichnung unseres Illustrators Robert Rottensteiner zeigt die Einteilung eines Tages in Form einer Business Mind Map® nach einem englischen Original von Vanda North, Co-Autorin dieses Buches.

Weitere notwendige Aktivitäten, die sich im Verlauf des Tages vielleicht noch ergeben, können Sie dann als zusätzliche Verzweigungen eintragen. Wenn Sie Ihre Tages-Business Mind Map® differenzierter ausgestalten wollen, können Sie beispielsweise Ziffern oder Farbcodes einsetzen, um zusammengehörende Dinge zu kennzeichnen. Etwa indem Sie in einer bestimmten Farbe Rahmen um alle Angelegenheiten machen, die mit Ihrer Familie oder Freunden zusammenhängen, in einer zweiten um alle Arbeitsaktivitäten und in einer dritten um alles, was rasch erledigt werden sollte. Sehen Sie Ihren Tagesplan auch daraufhin durch, welche Aufgaben viel Zeit und Energie kosten, aber vielleicht gar nicht unbedingt notwendig sind.

Manchmal scheint es auch so zu sein, als ob

alles kein Problem wäre, wenn Sie nur nicht den ganzen Tag durch Telefonate, Anfragen und kurzfristig notwendige Besprechungen gestört würden. Planen Sie mögliche Unterbrechungen im vorhinein ein, dann werden Sie diese als weniger unangenehm empfinden. Falls Sie dann doch nicht bei Ihrer Arbeit gestört werden, haben Sie plötzlich eine „Zeitoase" zur Verfügung – wie angenehm.

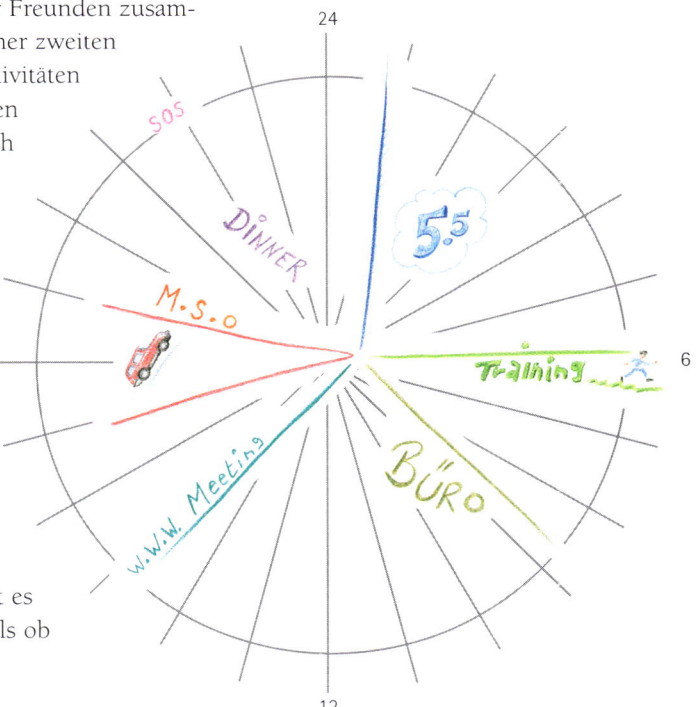

„Zeitkreise" machen den „Stundenplan" für einen Tag auf einen Blick erkennbar und können ergänzend zu Business Mind Maps® eingesetzt werden. In vorgedruckter Form sind Zeitkreise Bestandteil des Universal Personal Organizer-Systems von Tony Buzan, das über die Buzan Centres Ltd. (Adresse siehe Seite 192) erhältlich ist.

Alles im Griff

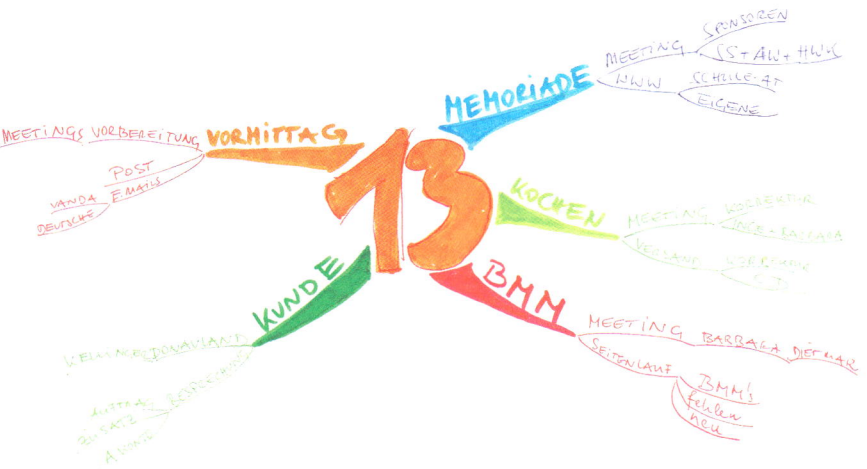

Auf dieser Seite sehen Sie weitere Beispiele für die Grundeinteilung eines Tages mittels einer Business Mind Map®, ergänzt durch eine Übersicht in Form eines Zeitkreises. Die Beispiele stammen von Hubert Krenn, Organisationsleiter der bereits erwähnten Veranstaltung Memoriade, einer „Gedächtnisolympiade" für Jugendliche, und Geschäftsführer einer Buchagentur. Die Business Mind Map® ist nach den Arbeitsbereichen und Projekten eines bestimmten Tages unterteilt, das „Stundenrad" zeigt, welche Zeitblöcke für welche Aufgaben reserviert sind.

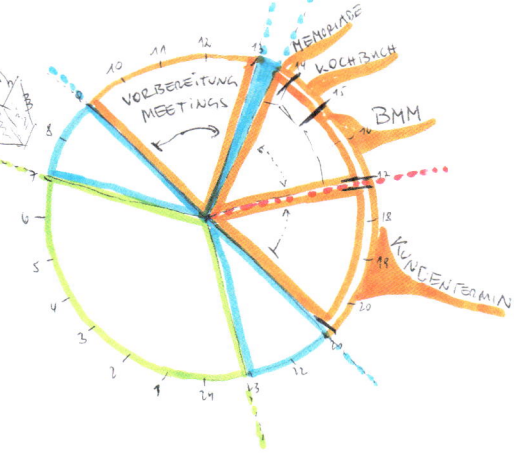

Ideen für
Ihren Tageskalender

Die abgebildete Business Mind Map® des Wirtschaftscoaches Lex McKee kann als Vorlage zur Erstellung eines Tagesplans verwendet werden. Den Ideen von McKee folgend wird zunächst das aktuelle Datum in die „Sprechblase" eingetragen.

Wichtige Aktivitäten werden den Hauptästen mit dem Baum- und dem Blatt-Symbol hinzugefügt. Beim „Baum" können größere Projekte erfaßt werden, beim Blatt Teilaufgaben, die sich aus den Projekten ergeben bzw. auch Einzelaktivitäten.

Das Elefanten-Symbol erinnert an relativ unwichtige Angelegenheiten, die nur erledigt werden, falls genügend Zeit dafür bleibt. Beim „Telefon" werden alle Kontakte – also Ferngespräche, Faxe, Briefe, E-Mails oder Meetings – erfaßt, für die kein Zeitpunkt festgelegt wurde, die sich aber während des Tages ergeben könnten oder sollten.

Kontakte, für die bereits Termine vereinbart wurden, sollten auf den beiden Zeitkreisen erfaßt werden, welche die zwölf Stunden vor Mittag („a.m.", für lateinisch ante meridiem = vormittags) und die zwölf Stunden danach („p.m.", für lateinisch post meridiem = nachmittags) abbilden.

Die Stundenräder dienen insgesamt dafür, alle „Zeitblöcke" einzutragen, die nicht frei verfügbar sind. Also beispielsweise auch ein morgendliches Fitness-Training oder jene Zeiten, die für Fahrten zum und vom Büro benötigt werden.

Nicht zuletzt befindet sich auf der Business Mind Map® von Lex McKee auch noch das Bild eines Brontosauriers auf einem Teller. „Das ist ein Symbol für die Träume und Zukunftsziele, die wir alle haben und denen wir jeden Tag näherkommen sollten", meint der Comics-Fan McKee. – „Genauso, wie die Zeichentrickfigur Fred Feuerstein einen Brontosaurus verspeist – nämlich Stück für Stück."

am

pm

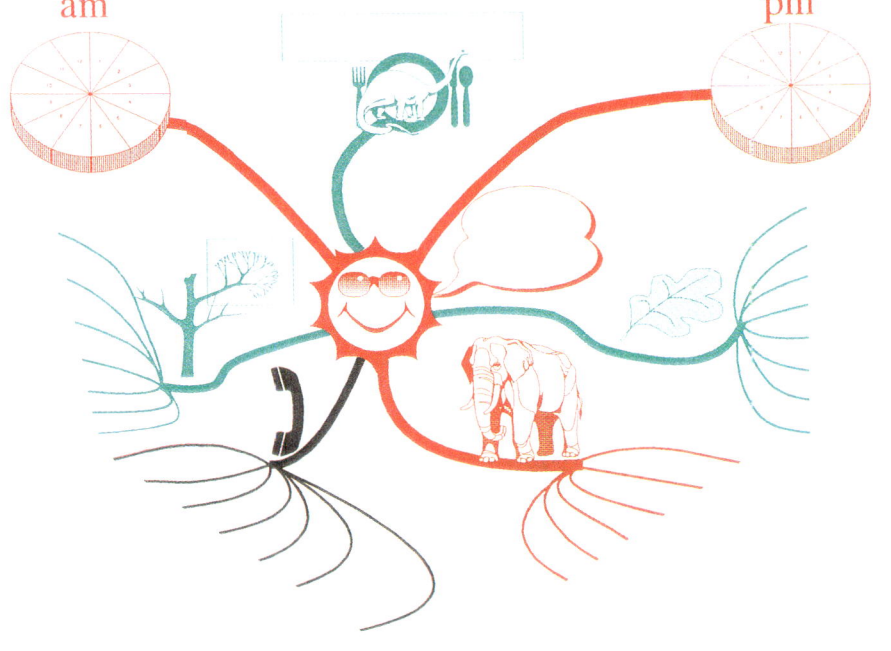

Die Business Mind Map® von Lex McKee kann als
Vorlage für einen Tagesplan verwendet werden.

Kapitel VIII

MEETINGS PLANEN

Vorschau

●

In diesem Kapitel wird in sechs Teilschritten beschrieben, wie Besprechungen mit Business Mind Mapping® in kürzerer Zeit und mit besseren Resultaten abgehalten werden können.

●

Ein Sitzungsprotokoll in Form einer Business Mind Map® wird präsentiert.

●

Es wird gezeigt, wie Sie die Ergebnisse eines Meetings in Aktivitäten umsetzen können.

●

Eine Business Mind Map® aus einem großen Produktionsbetrieb gibt einen Gesamtüberblick über alle Meetings eines Teams.

●

Anhand eines Praxisbeispiels sehen Sie, wie genaue Aufgabenzuteilungen erfaßt werden können.

●

Abschließend stellen wir eine besonders „künstlerisch" gestaltete Business Mind Map® vor.

Meetings effizienter gestalten

Da Teamwork heute im Geschäftsleben zunehmende Bedeutung hat, wird auch immer mehr Zeit für Besprechungen aufgewandt. Die Effizienz von Meetings könnte jedoch oftmals noch verbessert werden. Viele Mitarbeiter und auch Manager erleben sie als „Zeitvergeudung", „langweilig", „frustrierend" oder „nutzlos".

Mit Business Mind Mapping® können in verschiedenen Bereichen Verbesserungen bei Besprechungen erzielt werden:

● Das Ausmaß der aktiven Beteiligung wird erhöht.

● Alle Beiträge werden in einen Gesamtzusammenhang gestellt, wodurch das Verständnis für die Gesichtspunkte anderer Teilnehmer erweitert wird.

● Das Zeichnen einer Gruppen-Business Mind Map® kann den Teamgeist stärken.

● Die Wahrscheinlichkeit, daß die Ziele von Meetings auch in die Tat umgesetzt werden, wird erhöht.

● Da Business Mind Maps® ein sehr effizientes Kommunikationsinstrument sind, dauern Besprechungen in aller Regel nur mehr ein Fünftel so lang wie bisher.

Sechs Schritte zu erfolgreichen Besprechungen

Im einzelnen hat sich aufgrund von Erfahrungswerten aus verschiedenen Unternehmen folgender Ablauf bewährt, um Meetings mit Hilfe von Business Mind Mapping® effizienter, interessanter und abwechslungsreicher werden zu lassen:

1 Vorbereitung des Meetings

Derjenige Mitarbeiter, der für die Planung des Meetings verantwortlich ist, kann alle notwendigen Einzelheiten mit einer Business Mind Map® strukturieren. Diese kann auch firmenintern als Vorinformation an alle Teilnehmer weitergereicht werden. Eine Vorlage dafür, wie die Hauptäste einer derartigen Business Mind Map® zur Vorbereitung und Planung von Meetings eingeteilt werden können, finden Sie auf der linken Seite.

2 Tagesordnung festlegen

Business Mind Maps® können auch zum Erarbeiten der Tagesordnung verwendet werden. Für die Form, in der dies geschieht, gibt es verschiedene Möglichkeiten:

● Alle Teilnehmer können Punkte nennen, die ihrer Meinung nach auf der Tagesordnung stehen sollten. Die Themen werden auf einer Tafel notiert. Wenn mehrere Teammitglieder dasselbe nennen, wird dies durch ein Zeichen hinter diesem vermerkt. Mehrere Zeichen bedeuten dann, daß ein bestimmtes Thema Priorität haben sollte. Alle Punkte der Tagesordnung werden schließlich in Hauptästen und Verzweigungen einer Business Mind Map® erfaßt.

● Die Teilnehmer können auch jeweils einzeln Mini-Business Mind Maps® anfertigen, auf denen sie die Punkte notieren, die ihrer Meinung nach auf der Tagesordnung stehen sollten. Die Mini-Business Mind Maps® werden anschließend alle in einer gemeinsamen großen Business Mind Map® zusammengefaßt.

● Eine Business Mind Map® der Tagesordnung kann auch zu Beginn des Meetings von allen Teilnehmern gemeinsam erarbeitet werden, indem jeder die Hauptäste und Verzweigungen nennt, die seiner Meinung nach von Belang sind.

123

3 Die Besprechung leiten

Der Leiter oder die Leiterin einer Besprechung verwaltet nun sozusagen das

● auf einer Wandtafel angefertigte,

● als Kopie an jeden Teilnehmer ausgegebene

● oder via Overhead-Projektor verfügbare

Grundgerüst der Tagesordnung in Form einer Business Mind Map®. Er selbst oder ein Protokollführer kann an dieses nun Gedanken und Diskussionsbeiträge in Form von Verzweigungen hinzufügen.

Bei der Besprechung der einzelnen Punkte der Tagesordnung sollte folgendes berücksichtigt werden:

● Die Teilnehmer sollten zunächst gemeinsam entscheiden, wie lange jeder Punkt besprochen werden soll.

● Wenn es scheint, daß jemand von den vorgegebenen Themen abschweift, sollte der Leiter des Meetings nachfragen, auf welchen Hauptast der Business Mind Map® der jeweilige Gesprächsbeitrag Bezug nimmt. Falls er mit keinem Tagesordnungspunkt in einem Zusammenhang steht, kann er als mögliches Thema für spätere Meetings notiert werden.

● Falls es scheint, daß sich ein Teilnehmer wiederholt, sollte der Leiter des Meetings nachfragen, ob der Sprecher oder die Sprecherin den Eindruck hat, daß die bereits erfaßten Schlüsselwörter sein oder ihr Anliegen nicht ausreichend abdecken bzw. welche weiteren Informationen der Business Mind Map® tatsächlich hinzugefügt werden sollen.

● Falls jemand nur seine Zustimmung zu bereits Gesagtem ausdrücken will, genügt das Hinzufügen eines Zeichens oder der Initialen des oder der Betreffenden.

4 Das Protokoll führen

Bei der Erstellung des offiziellen Sitzungsprotokolls wird Business Mind Mapping® in der Unternehmenspraxis wiederum in verschiedenen Varianten eingesetzt:

● Falls alle Teilnehmer einverstanden sind, kann ein offizielles Business Mind Map®-Protokoll gezeichnet werden. Am besten auf einer Wandtafel oder via Overhead-Projektor, damit jeder zusehen und abschließend seine Zustimmung erteilen kann.

● Es kann auch von jedem Teilnehmer ein eigenes Business Mind Map®-Protokoll angefertigt werden.

● In einigen Firmen ist es üblich, die Besprechung aufzunehmen und auf der Business Mind Map® Nummern aufzuschreiben, die auf das Zählwerk des Kassettenrekorders verweisen.

● Teilweise werden auch in herkömmlicher Weise für einzelne Passagen der Besprechung lineare Notizen angefer-

tigt, auf die ebenfalls durch Nummern in der Business Mind Map® Bezug genommen werden kann.

● In manchen Unternehmen wird das komplette Sitzungsprotokoll weiterhin in der üblichen Weise mitgeschrieben, und die Business Mind Map® des Meetings wird nur als Deckblatt verwendet, das den Inhalt auf einer einzigen Seite zusammenfaßt.

Farbcodes

Wenn Sie Business Mind Mapping® zum Protokollieren von Meetings einsetzen, kann die Verwendung verschiedener Farben folgendermaßen als „Code" dienen:

● Bestimmten Teilnehmern können einzelne Farben zugeordnet werden, also etwa: Walter = grün, Maria = blau usw. Dadurch wird erkennbar, wer was zu welchem Teilbereich der Business Mind Map® hinzugefügt oder sich dazu geäußert hat.

● Bestimmte Abteilungen oder Teilprojekte können durch einzelne Farben repräsentiert werden.

● Spezielle Farben können zur Kennzeichnung von besonders wichtigen Themen ausgewählt werden.

● Es kann eine eigene Farbe zur Hervorhebung kurzfristig notwendiger Aktivitäten ausgesucht werden.

● Farben können auch dazu benutzt werden, um Zustimmung oder Ablehnung zu bestimmten Themen auszudrücken.

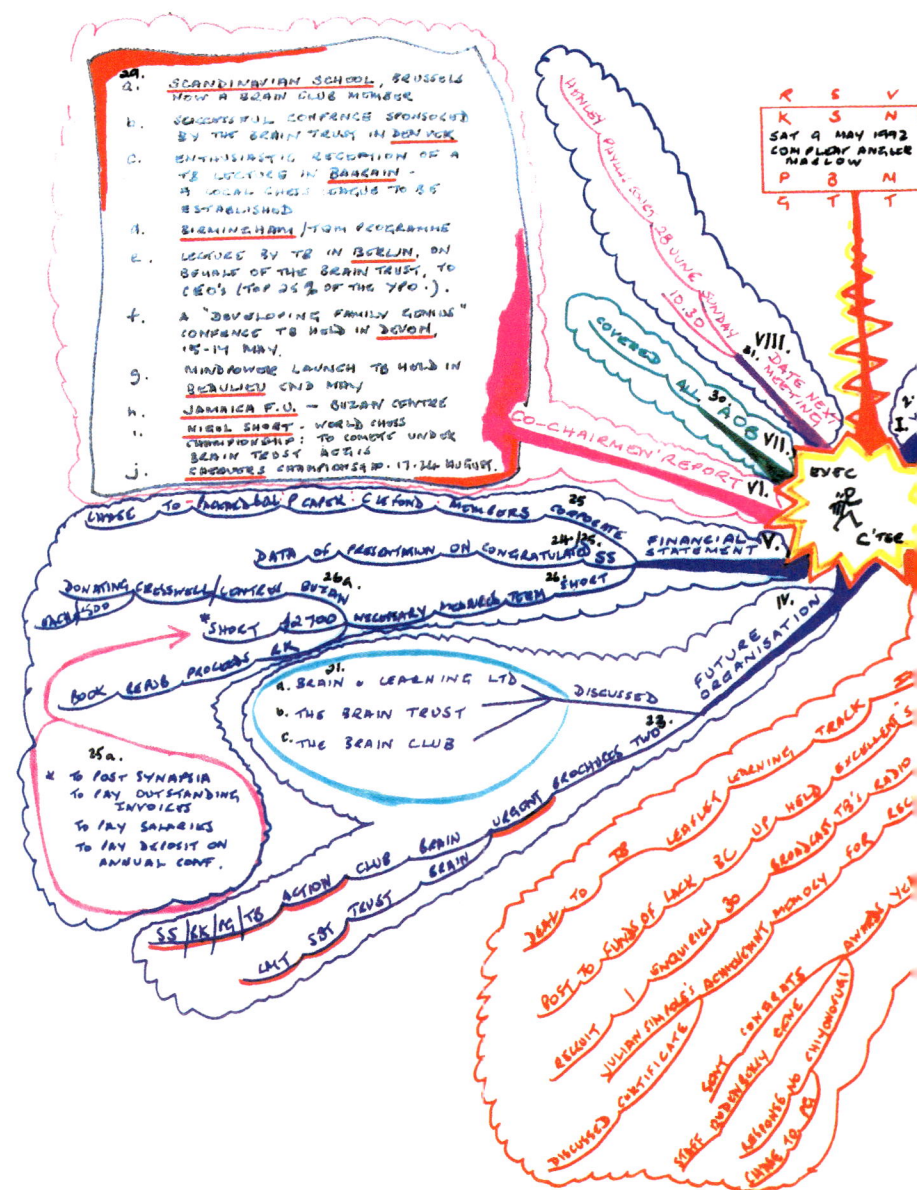

Auf dieser Doppelseite sehen Sie ein Beispiel für das Protokoll eines Meetings in Form einer Business Mind Map®. Sie dokumentiert eine Sitzung von Brain Trust, einer karitativen internationalen Vereinigung, die sich der Erforschung von Teilverlusten geistiger Fähigkeiten verschrieben hat und Betroffenen Hilfsleistungen anbietet. Die Business Mind Map® stammt von Lady Mary Tovey, in ihrer Funktion als Sekretärin von Brain Trust.

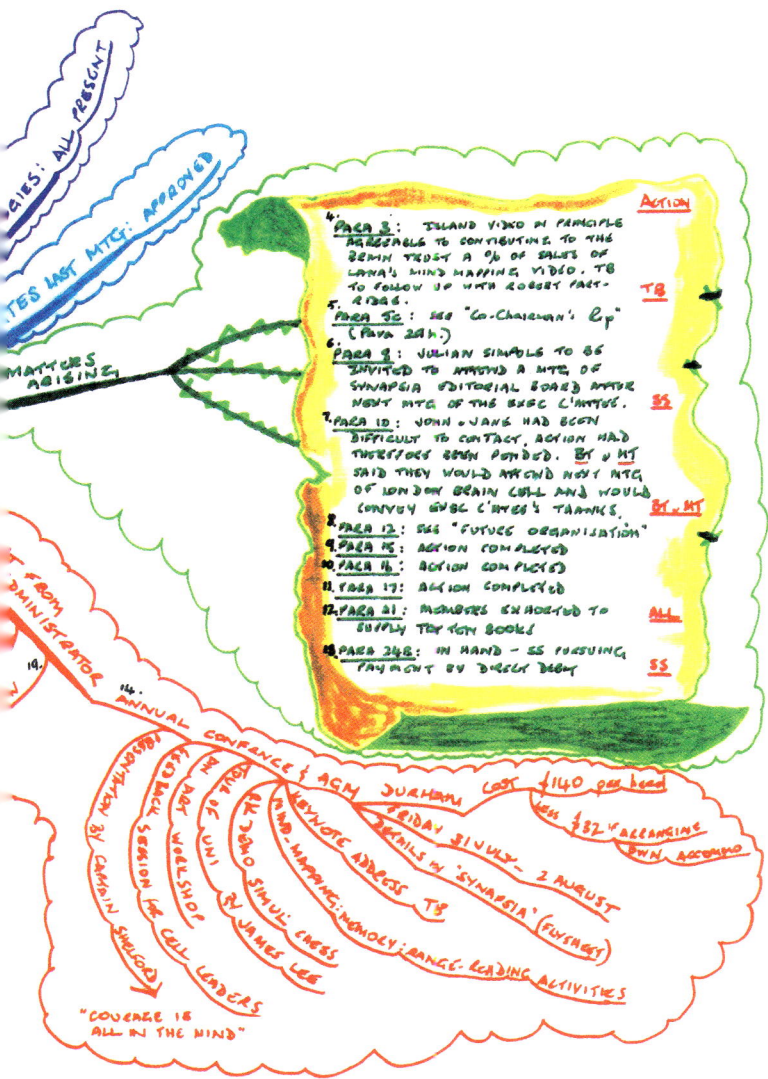

5 Kommunikation

Um die Ergebnisse eines Meetings zu kommunizieren, gibt es wiederum mehrere Möglichkeiten:

● In einigen Teams ist es üblich, die Tafel oder eine große Papierrolle, auf der die Business Mind Map® der Besprechung erfaßt ist, in einem Gemeinschaftsraum zu plazieren. So sind allen die Ergebnisse zugänglich, und sie können die Aktivitäten, die sich für sie persönlich daraus ergeben, in die Tat umsetzen.

● Eine zweite Variante ist es, Kopien der Business Mind Map® der Besprechung auszugeben. An die Teilnehmer ebenso wie an Personen, die verhindert waren. Falls nur Schwarz-weiß-Kopien möglich sind, können die Mitarbeiter die für sie relevanten Teile der Business Mind Map® nachträglich mit Bunt- oder Leuchtstiften hervorheben.

6 Die Ergebnisse umsetzen

Bei der Umsetzung der Ergebnisse des Meetings in zielgerichtete Aktivitäten ergeben sich weitere Anwendungsvarianten für Business Mind Mapping®:

● Jeder Hauptast oder sogar Detailinformationen auf der Business Mind Map® des Meetings können für einzelne Personen, Teams oder Abteilungen zum zentralen Thema einer neuen Business Mind Map® werden.

● Es kann auch eine eigene Business Mind Map® angelegt werden, deren Schwerpunkt auf den Terminen liegt, zu denen die Aktivitäten erledigt sein sollten. Darin kann auch die Reihenfolge und Hierarchie der zur Umsetzung der Meeting-Ergebnisse notwendigen Prozesse festgelegt werden.

● Diese Business Mind Map® sollte wiederum für alle sichtbar plaziert werden. Sobald Teilaktivitäten erledigt sind, können sie „abgehakt" werden. Das dient einerseits als „Erinnerungshilfe" und kann andererseits die Zufriedenheit nach getaner Arbeit erhöhen.

● Bereiche, bei deren Umsetzung sich Probleme ergeben, können aus der Business Mind Map® der Aktivitäten „herausgenommen" und in die Tagesordnung des nächsten Meetings übernommen werden.

Business Mind Mapping® bei Meetings führt insgesamt zu besserem Teamgeist. Wenn ein einzelner Mitarbeiter eine Aufgabe nicht erledigen kann, sehen die anderen besser, welche Rolle diese im Gesamtzusammenhang spielt. Dadurch werden sie ihn eher bei der Suche nach einer Lösung unterstützen, um somit auch das Gruppenziel zu erreichen.

Im Überblick: Business Mind Mapping® bei Meetings

Bei Besprechungen gibt es folgende Möglichkeiten, Business Mind Mapping® zu verwenden:

● zur Vorbereitung

● zur gemeinsamen Erarbeitung der Tagesordnung

● zur Leitung des Meetings

● zur Umsetzung der Besprechungsergebnisse in Aktivitäten

● zum Führen eines Protokolls

● als Mitschrift einzelner Teilnehmer

● zur Erstellung von Teamwork-Business Mind Maps® in einem strukturierten Prozeß

Überblick über alle Meetings
eines Teams

Eine weitere Möglichkeit, Business Mind Mapping® für Meetings zu verwenden, zeigt das abgebildete Praxisbeispiel von Gareth Morris, Master Trainer der Buzan Centres für Großbritannien. Ein Team von Mitarbeitern eines großen Produzenten von Artikeln zur Körperpflege sollte eine Lösung für das Problem häufiger Stillstände bei der Fließbandproduktion eines Dusch- und Badegels finden.

Morris, der als Berater des Teams tätig war, hat Zusammenfassungen aller acht Treffen, die die Gruppe zur Lösung des Problems abhielt, in einer Business Mind Map® aufgezeichnet. So hatten alle Mitarbeiter stets einen Überblick über die Ergebnisse der einzelnen Besprechungen und über die Fortschritte bei ihrer Aufgabe. Das Team fand schließlich die Ursache des Problems, was dem Unternehmen Ersparnisse von rund 55.000 Pfund pro Jahr brachte.

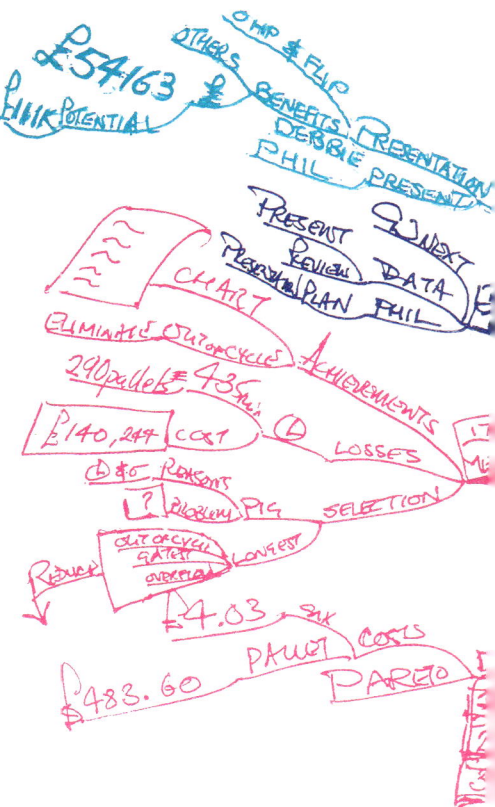

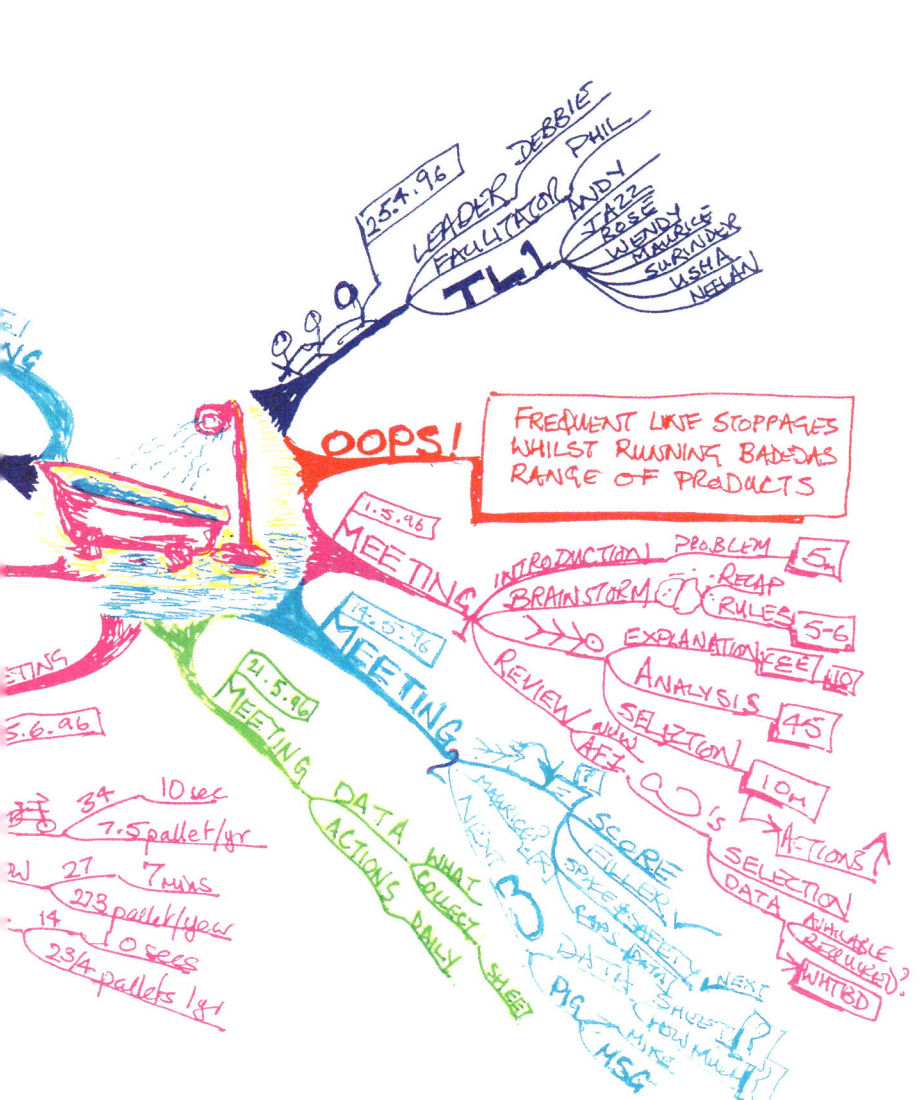

Aufgabenzuteilung bei einer Steuerberatungskanzlei

Bei der Wirtschaftsprüfungs- und Steuerberatungskanzlei Rothman & Pantall, mit Sitz in der südenglischen Industriestadt Poole, wird Business Mind Mapping® routinemäßig bei Besprechungen zur Erstellung von Arbeitsplänen eingesetzt. Die abgebildete Business Mind Map® des Rothman & Pantall-Partners Alan Field gibt einen Überblick darüber, welche Aufgaben zu einem bestimmten Stichtag von welchem Teammitglied bearbeitet werden.

„Bei Bedarf können die Aufzeichnungen durch die Termine, zu denen bestimmte Teilaufgaben fertiggestellt sein müssen, ergänzt werden", erklärt Field. Außerdem wird in derartigen Business Mind Maps® bei Rothman & Pantall fallweise auch erfaßt, welche Informationen von den Kunden noch fehlen, oder welche Endabrechnungen bereits verschickt, aber von den Kunden noch nicht gegengezeichnet wurden.

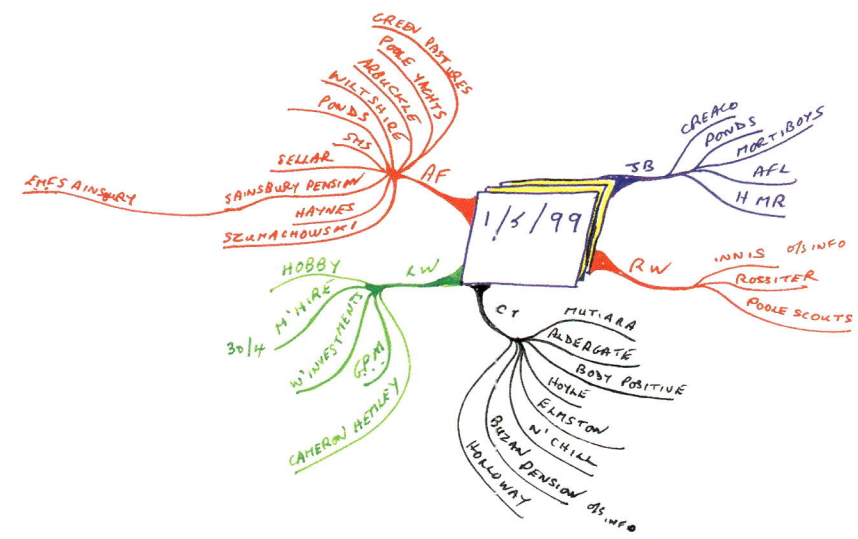

Eine „künstlerische" Meeting-Mitschrift

Die Abbildung zeigt, wie die Mitschrift eines Meetings mit Business Mind Mapping® besonders farbenprächtig gestaltet werden kann. Die Zeichnung wurde von der Marketing-Beraterin Judy Caldwell und ihrem Sohn Josh angefertigt. Sie dokumentiert ein Treffen des Brain Clubs, eines Vereins mit dem Ziel, die mentalen Fähigkeiten seiner Mitglieder zu erhöhen.

Die grundlegenden Bereiche des Meetings, wie Ort, Datum, Teilnehmer und Ziele sowie ein Ausblick auf das nächste Treffen sind übersichtlich dargestellt. Der Aufwand für „künstlerische" Business Mind Maps® lohnt sich schon deshalb, weil sie von allen Beteiligten gern öfters angesehen und dadurch auch besser erinnert werden.

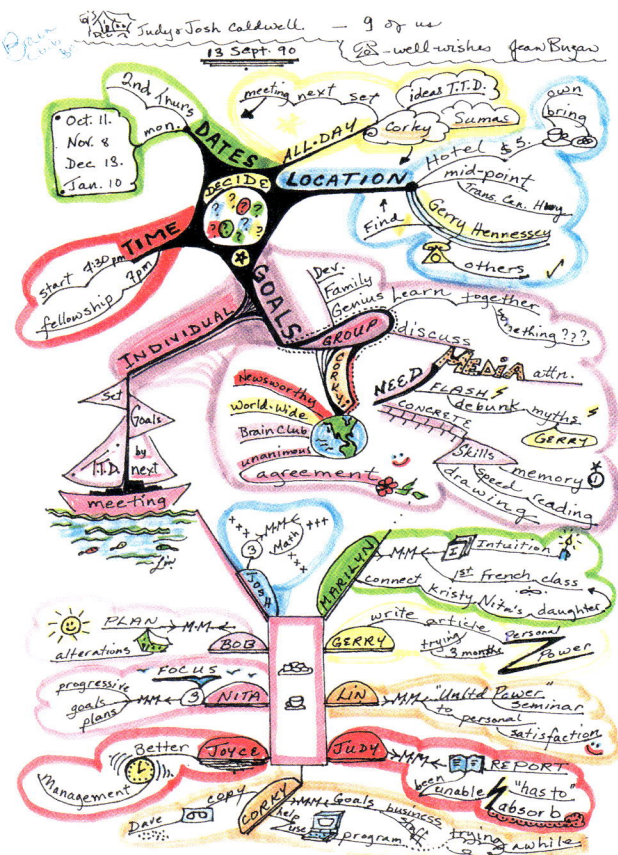

Kapitel IX

INFORMATIONS-MANAGEMENT

Vorschau

●

In diesem Kapitel wird vorgestellt, wie Sie in sechs
Arbeitsschritten mit relativ geringem Zeitaufwand
all Ihre Schriftstücke ordnen und einen sich daraus ergebenden Aktionsplan erstellen können.

●

Sie erfahren, wie Sie Business Mind Maps®
bei diesem Prozeß einsetzen sollten.

●

Es wird beschrieben, wie Sie Ihre Arbeitsenergien
optimal umsetzen können.

●

Eine Business Mind Map® zeigt Ihnen alle
notwendigen Maßnahmen gegen Arbeits-
überlastung auf einen Blick.

Dokumente
ordnen

Werden die „Papierberge" auf Ihrem Schreibtisch immer höher?

Haben Sie bereits mehrere Ablagen für einlangende Dokumente?

Befinden sich Papierbündel in „geheimen" Ecken Ihres Büroschrankes?

Fühlen Sie sich überarbeitet, übermüdet oder von einer „Informationsflut" überwältigt?

Wissen Sie nicht mehr, wo Sie mit der Arbeit beginnen sollen?

Bleibt vieles liegen oder ist alles dringend?

Überlasten Faxe, E-Mails und Memos Ihren Computer oder die Kapazität Ihrer grauen Zellen?

Haben Sie den Eindruck, ständig bei wichtigen Arbeiten gestört zu werden?

Falls Sie nur eine dieser Fragen mit „ja" beantwortet haben, sollten Sie den folgenden Abschnitt besonders genau lesen… denn Hilfe ist in Sicht.

6 Schritte zum Abbau von „Papierbergen" und zum Erstellen von Aktionsplänen

VORBEREITUNG

1 Überfliegen
(maximal 45 Minuten)

Auch wenn es Ihnen jetzt noch als Sisyphusarbeit erscheinen mag – Sie können das Ordnen Ihrer Dokumente in den Griff bekommen. Der erste Schritt dazu ist es, alle zu sortierenden Informationen rasch zu überfliegen:

● Denken Sie zunächst darüber nach, in welche Kategorien Sie Ihre Schriftstücke einteilen können. Also beispielsweise in Telefon-Nachrichten, Briefe, Mitschriften von Besprechungen, Projektunterlagen, Gedankennotizen und Diverses.

● Entwerfen Sie ein Symbol für jede Kategorie, und zeichnen Sie es auf Papierblätter, die Sie dann beim Sortieren als Orientierungshilfe zum Bilden von Stapeln verwenden können.

● Sehen Sie dann rasch all Ihre Bündel, Stapel, Aktenordner oder Ablagen durch. – Wenn Sie beim Arbeiten gerne Musik hören, wählen Sie dazu einen Titel mit schnellem Rhythmus.

● Achten Sie darauf, sich keines der Dokumente näher anzusehen. Werfen Sie jeweils nur einen kurzen Blick auf ein Papier, bestimmen Sie, zu welcher Kategorie es gehört, und legen Sie es auf dem entsprechenden Stapel ab.

● Machen Sie Ihre Arbeit mit Freude. Tanzen oder singen Sie dabei, wenn Ihnen danach ist. Sehen Sie sich Ihre Unterlagen aufmerksam, zugleich aber mit der nötigen Distanz an.

● Wenn Sie denken, etwas könnte auch weggeworfen werden, legen Sie es vorerst neben, aber nicht in den Papierkorb.

● Machen Sie abschließend eine kurze Pause von circa fünf Minuten, denn das Überfliegen ist eine anstrengende Betätigung. Vielleicht fühlen Sie sich jetzt schon etwas besser, weil Sie wissen, was tatsächlich an Schriftstücken vorhanden ist.

Möglicherweise haben Sie jetzt aber auch das Gefühl, die Informationsflut sei größer denn je. Diesen Eindruck werden Sie aber nur haben, wenn Sie unsere sechs Schritte zum Ordnen von Informationen erstmalig ausführen. Später werden Sie bereits wissen, daß Sie auf dem Weg zu dem angenehmen Gefühl eines besonders produktiv verbrachten Arbeitstages sind.

2 Ziele definieren
(maximal 45 Minuten)

Nun sollten Sie eine Business Mind Map® zeichnen, die Ihnen dabei hilft, die Informationen zu ordnen und sie in Beziehung zu Ihren Wünschen und Zielen zu setzen:

● Beginnen Sie mit einem Hauptast, der die Zukunftsziele für Ihr Unternehmen, Ihre Abteilung oder Sie selbst definiert.

● Der nächste Hauptast sollte enthalten, durch welchen aktuellen Arbeitsschwerpunkt Sie sich diesen Zielsetzungen annähern wollen.

● Es folgt eine kurze Zusammenfassung des Ist-Zustandes.

● Jetzt können Sie sich damit beschäftigen, welche Aufgaben – in bezug auf die ersten drei Hauptäste – derzeit *wichtig* sind.

● Als nächstes erfassen Sie, was *dringend* ist. – Das sollten Sie hauptsächlich aus dem Gedächtnis tun, nur falls es unbedingt notwendig ist, sollten Sie nochmals in Ihren Dokumenten nachsehen.

● Einen weiteren Hauptast betiteln Sie mit *zurückstellen*. An diesem erfassen Sie:

* alle Dinge, die nur mittel- oder langfristig wichtig sind

* und alle aktuellen Angelegenheiten, die Sie als weniger wichtig eingestuft haben.

Bei letzteren unterscheiden Sie wiederum zwischen Aufgaben, die Sie trotzdem gerne erledigen möchten, und solchen, für die Sie wenig motiviert sind.

● Der abschließende Hauptast befaßt sich mit Ihren Zielen für die nächste Woche oder den nächsten Monat. Dort schreiben Sie jene Aufgaben hin, die Sie in diesem überschaubaren Zeitraum gerne erledigen möchten, und die Sie Ihren „großen" Zukunftszielen wirklich näherbringen.

Jetzt haben Sie erneut eine kurze Pause von circa fünf Minuten verdient. Während Sie sich ausruhen, arbeiten Ihre grauen Zellen ohnehin weiter, bewerten, sortieren und integrieren alle erfaßten Informationen.

ANWENDUNG

3 Durchsehen und Sortieren
(maximal 60 Minuten)

Jetzt können Sie Ihre Papierstapel differenzierter ordnen und zwar nach Handlungsebenen. Erstellen Sie nach folgenden Gesichtspunkten jeweils drei neue Stapel:

● Gibt es veraltete Briefe, Daten oder Informationen, die Sie vorerst *beiseite legen* können?

● Können Sie manche Aufgaben auch *delegieren?*

● Was übrigbleibt, ist zu *erledigen.*

Alle Dokumente, die Sie mit dem Etikett „zu erledigen" versehen haben, unterteilen Sie abermals, und zwar:

● zunächst in einen Stapel mit *wichtigen* Dingen, die Sie nach Ihrer Bedeutung in bezug auf Ihre Zukunftsziele ordnen

● sowie anschließend in einen Stapel mit *dringenden* Dingen. Denken Sie jetzt besonders genau darüber nach, was tatsächlich und was nur scheinbar in diese Kategorie fällt. Erinnern Sie sich dabei an Ihre Zukunftsziele.

4 Zuteilen
(maximal 45–90 Minuten)

Für den nächsten Arbeitschritt können Sie zu Beginn zwei Einheiten à 45 Minuten einplanen. Sobald Sie den von uns beschriebenen Ablauf jedoch öfter ausgeführt haben, wird es Ihnen gelingen, den Zeitaufwand zu halbieren.

Sie haben jetzt bereits eine Einteilung Ihrer verschiedenen „Kategoriestapel" – also beispielsweise Telefon-Nachrichten, Briefe, Mitschriften von Besprechungen, Projektunterlagen, Gedankennotizen und Diverses – in die Ebenen *beiseite legen* und *delegieren* sowie *wichtige* und *dringend* zu erledigende Aufgaben durchgeführt. Nun können Sie Ihre Dokumente neuerlich gruppieren und zwar in einer Weise, aus der sich bereits logisch die folgenden Arbeitsschritte ergeben.

● Die *beiseite zu legenden* Angelegenheiten werden zweigeteilt:

* einerseits in das, was nur momentan nicht wichtig ist,

* andererseits in alles, was getrost „entsorgt" werden kann.

● In bezug auf die *delegierbaren* Aufgaben stellen sich mehrere Fragen:

* Wie wichtig ist die jeweilige Tätigkeit in Relation zu den in Ihrer Business Mind Map® erfaßten Zielen?

* Wieviel Zeit werden Sie für Erklärungen oder Einschulungen benötigen?

* Wer ist am besten für die Angelegenheit geeignet?

* Wie schnell sollte sie erledigt werden?

* Wann können Sie die Aufgabe weitergeben?

● Ihre *wichtigen* und *dringlichen* Erledigungen unterteilen Sie nach folgenden Gesichtspunkten:

* Schaffen Sie Arbeitsgruppen, also beispielsweise Telefongespräche, Briefe usw.

* Reservieren Sie bestimmte Zeiträume ausschließlich für bestimmte Tätigkeiten. Lassen Sie sich dann beispielsweise bei Besprechungen oder beim Diktieren auch nicht durch vermeintlich „dringende" Telefonate stören. So werden Sie schneller vorankommen.

Nutzen Sie Ihre Energien optimal

Wenn Sie Ihren natürlichen Körperrhythmus berücksichtigen, können Sie Ihre Kräfte besser einteilen und in derselben Arbeitszeit mehr erreichen:

● Beziehen Sie in Ihre Arbeitsplanung ein, ob Sie ein Morgen-, Nachmittags- oder Nacht-Mensch sind. Verwenden Sie Ihre besten Zeiten für schwierige Aufgaben, die viel Überlegung erfordern und schlechtere für weniger anspruchsvolle Tätigkeiten.

● Wechseln Sie Aufgaben, die Sie nur ungern erledigen, mit solchen ab, die Ihnen Spaß machen. So können Sie sich auch für das Vollenden unangenehmer Arbeiten belohnen.

● Mischen Sie „Stillarbeiten" mit solchen, in die andere Menschen involviert sind. Sie können wiederum jene Arbeitsform, die Ihnen mehr Entspannung oder Energie gibt, als eine

Form der Selbstbelohnung einsetzen.

● Planen Sie genügend Pausen ein. Dadurch haben Sie Teilziele, auf die Sie sich freuen können. In der verbleibenden Arbeitszeit werden Sie frischer sein und wesentlich mehr erreichen als ohne Pausen.

● Organisieren Sie Ihren Arbeitsablauf so, daß es längere Phasen gibt, in denen Sie keinesfalls gestört werden. Falls Sie die Möglichkeit dazu haben, sollten Sie auch öfter einmal eine Stunde früher beginnen oder später aufhören, da frühmorgens oder am Abend Unterbrechungen in aller Regel wesentlich seltener sind.

5 Aktivitäten planen
(maximal 45 Minuten)

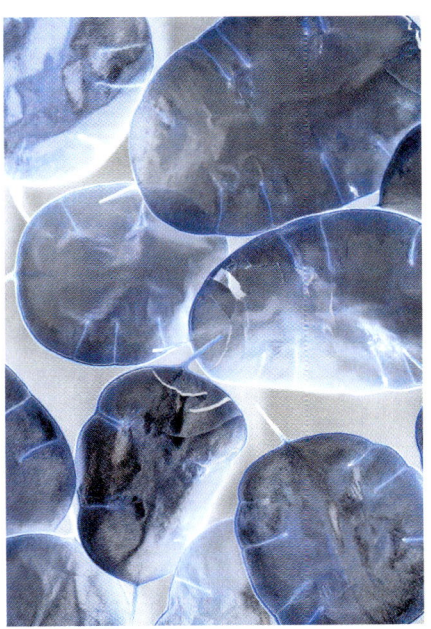

Zeichnen Sie nun anhand all der Informationen, die Sie gesammelt und geordnet haben, für eine Woche oder einen Monat eine Business Mind Map® der Aktivitäten, die Sie nun setzen sollten:

● Benutzen Sie das Muster, nach dem Sie Ihre Dokumente nun abgelegt haben, zur Einteilung Ihrer Hauptäste. Sie können auch einzelne Aktenordner mit Nummern versehen und diese in Ihrer Business Mind Map® eintragen.

● Teilaktivitäten können mit Termininformationen versehen werden, oder es kann gezeigt werden, welche weiteren Personen Sie dafür als Mitarbeiter benötigen.

● Haken Sie in der Folge alle Aufgaben ab, sobald Sie diese erledigt haben.

● Plazieren Sie die Business Mind Map® in Sichtweite und werfen Sie immer wieder einmal einen Blick darauf. Überspringen Sie dabei die „Problembereiche" und freuen Sie sich über jene Aufgaben, die Sie heute alle noch erledigen werden.

● Ein weiterer Vorteil der Business Mind Mapping®-Technik ist es, daß Sie während einer Woche oder einem Monat neu hinzukommende, dringende Tätigkeiten einfach auf Zweigen anfügen können.

● Fallweise wird es auch sinnvoll sein, Aufgaben nachträglich in bestimmte Projekte zu unterteilen. Das können Sie beispielsweise durch Einrahmen von Informationen in einer bestimmten Farbe machen.

141

6 Rückblick

Je nachdem, ob Sie Ihren Aktionsplan in Wochen oder Monate unterteilt haben, sollten Sie nach dem entsprechenden Zeitraum den Fortgang Ihrer Arbeit im Rückblick beurteilen:

● Sehen Sie sich nochmals Ihre erste Business Mind Map® an, in der Sie Ihre Ziele definiert haben. Überlegen Sie, in welchem Ausmaß Ihre Aktivitäten Sie den Zielsetzungen nähergebracht haben.

● Dann nehmen Sie die Business Mind Map®, in der Sie Ihre Aufgaben eingeteilt haben, wieder zur Hand. Sind alle Tätigkeiten ausgeführt und abgehakt worden? Nicht Erledigtes können Sie in den Aktionsplan für die nächste Woche bzw. den nächsten Monat übernehmen.

● Vergewissern Sie sich speziell, ob alle anstehenden Probleme wirklich gelöst worden sind. Manchmal führt schon die Arbeit an Details eines schwierigen Tätigkeitsbereiches zur Beseitigung des gesamten Problems.

● Archivieren Sie Ihre Business Mind Maps®, nachdem Sie alles, was noch von Bedeutung ist, in die nächsten Business Mind Maps® übertragen haben.

FEIERN

Vergessen Sie nicht, den abschließenden „Arbeitsschritt" des von uns vorgeschlagenen Prozesses auszuführen, denn er ist beinahe der wichtigste.

Freuen Sie sich über alles, was Sie bereits vollbracht haben, und feiern Sie Ihre Teilerfolge. – Allzuoft denken wir schon an das nächste Projekt oder an noch anstehende Probleme und übersehen dabei, was wir selbst oder unser Team schon erreicht haben.

Machen Sie das Feiern zu einem festen Bestandteil Ihres Arbeitsablaufes – ob es nun in einer Viertelstunde des Zurücklehnens oder in einem kleinen Fest für ein Team besteht. Dadurch werden Sie allen Aktivitäten auch mit mehr Freude nachgehen.

Im Überblick: Was Sie gegen Arbeitsüberlastung tun können

VORBEREITUNG

1 **Überfliegen** (maximal 45 Minuten): den Papierberg rasch nach Kategorien ordnen.

2 **Ziele definieren** (maximal 45 Minuten): Sie zeichnen – nach Möglichkeit aus dem Gedächtnis – eine Business Mind Map®, welche die Informationen nach Wichtigkeit und Dringlichkeit in bezug auf Ihre Zukunftsziele strukturiert.

ANWENDUNG

3 **Durchsehen und Sortieren** (maximal 60 Minuten): Sie teilen Ihre Papierstapel in die Ebenen „beiseite legen", „delegieren", „wichtig" und „dringend" ein.

4 **Zuteilen** (maximal 45-90 Minuten): Sie nehmen eine weitere Differenzierung vor:

● Der „beiseite legen"-Stapel wird in „nur momentan nicht Wichtiges" und „zu Entsorgendes" unterteilt.

● In bezug auf die delegierbaren Aufgaben sollten Sie nun unter anderem über den möglichen Zeitaufwand für Erklärungen oder Einschulungen nachdenken sowie über die am besten geeigneten Personen.

● Die wichtigen und dringlichen Tätigkeiten unterteilen Sie nach Arbeitsgruppen, die Sie anschließend möglichst „blockweise" ausführen.

5 **Aktivitäten planen** (maximal 45 Minuten): Sie erstellen einen Aktionsplan in Form einer Business Mind Map®.

6 **Rückblick:** Wöchentlich oder zumindest einmal im Monat sollten Sie sich Ihre Business Mind Maps® nochmals ansehen. Denken Sie darüber nach, in welchem Ausmaß Ihre Aktivitäten Sie Ihren Zukunftszielen nähergebracht haben. Nicht Erledigtes übernehmen Sie in die Business Mind Maps® für die nächste Woche oder den nächsten Monat.

Wiederholen Sie den beschriebenen Ablauf im Wochen- oder zumindest im Monatsrhythmus. Sie werden feststellen, daß Sie bereits beim zweiten Durchgang noch schneller und effizienter sein werden.

Alle Aktivitäten auf einer Business Mind Map®

Die Zeichnung nach einem Original in englischer Sprache von Vanda North zeigt Ihnen nochmals, wie Sie beim Ordnen von Dokumenten und dem Organisieren Ihrer Arbeitsabläufe vorgehen sollten.

Der zuvor beschriebene sechsstufige Prozeß auf Basis der Business Mind Mapping®-Methode kann Ihnen in jeder Branche dabei helfen, Überlastungen in den Griff zu bekommen.

Achten Sie auch darauf, Ihre Kräfte gut einzuteilen. Machen Sie das beste aus Ihren Energien, indem Sie den natürlichen Rhythmus Ihres Körpers berücksichtigen.

Wissens-
management

Z usatzqualifikationen und die stete Bereitschaft zum Erwerb von neuem Wissen sind heute in fast allen Berufen zunehmend gefragter. Die Vorstellung mit dem Abschluß einer Ausbildung auch schon „ausgelernt" zu haben, ist überholt. Das zeigt sich auch in den von einem großen Meinungsforschungsinstitut zum Thema Weiterbildung erhobenen Zahlen. Rund zwei Drittel der in einer umfangreichen Studie erfaßten Unternehmen gaben an, im Zeitraum von drei Jahren vor der Erhebung Fortbildungsaktivitäten durchgeführt zu haben.

Mit Business Mind Mapping® können Sie über eine Technik verfügen, die sich im Bereich des Wissensmanagements als besonders wirkungsvoll erweisen kann. Wie bereits in den einleitenden Kapiteln beschrieben, befähigt Sie diese Methode nicht nur zu besseren Erinnerungsleistungen, sondern Sie erlernen damit letztlich das Lernen selbst. Gerade die Verbesserung von Lernprozessen wird in Zukunft in zahlreichen Arbeitsbereichen ein entscheidendes Erfolgskriterium sein.

Das Spektrum der Anwendungsmöglichkeiten von Business Mind Mapping® reicht im Bildungssektor von der Aneignung und der Verwaltung von Wissen bis zur zielgerichteten Weitergabe von Know-how. In diesem Zusammenhang möchten wir auch nochmals auf die Möglichkeit hinweisen, Master Mind Maps® zu zeichnen, die im Wissensbereich besonders hilfreich sein können. Derartige Zusammenfassungen von mehreren Skripten, Mitschriften, Büchern oder Business Mind Maps® auf einer einzigen großen Master Business Mind Map® können wesentliche Verbesserungen der Erinnerungsleistungen bewirken.

Das Wissen anderer Menschen darstellen

Die Business Mind Map® auf dieser Doppelseite stammt von Monika Martin und wurde während eines Symposiums der Firma Siemens angefertigt. Sie ist die Mitschrift eines Vortrages des japanischen Volkswirtschaftsprofessors Minoru Tominaga zum Thema „Modernes Kundenmanagement".

Wer Business Mind Maps® selbst erstmals zum Erfassen von Vorträgen verwendet, wird wahrscheinlich nicht auf Anhieb so übersichtliche Resultate erzielen.

Doch Übung macht den Meister und eine umfassende Zusammenstellung der Schlüsselwörter eines Referates gelingt in aller Regel schon sehr rasch.

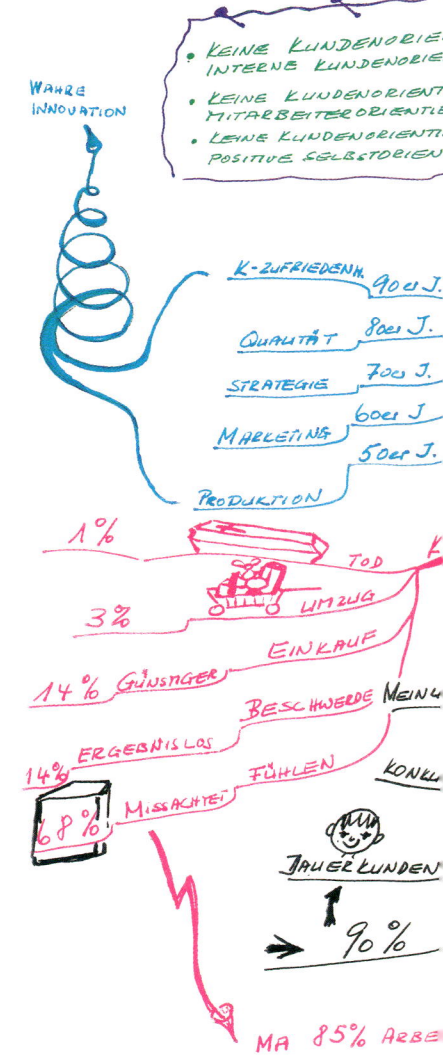

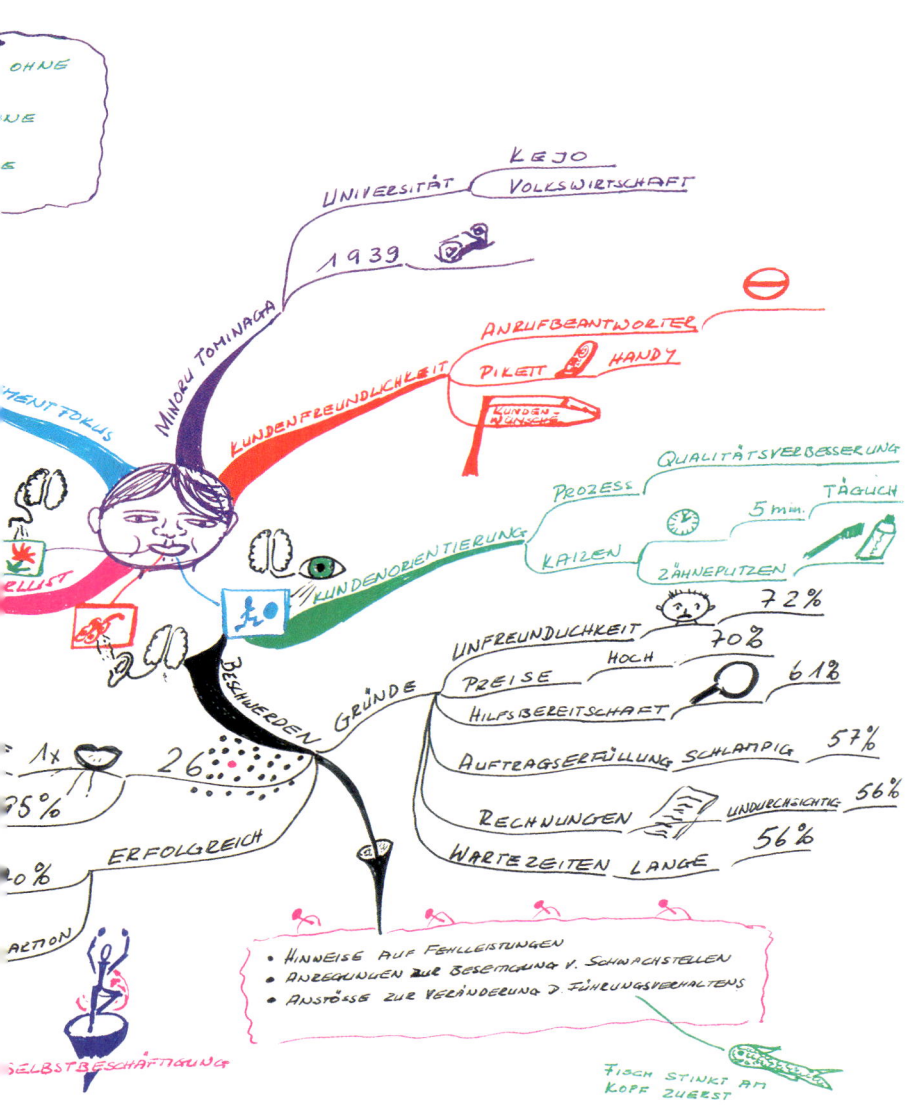

OHNE

NE

E

UNIVERSITÄT — KEJO — VOLKSWIRTSCHAFT

1939

MINORU TOMINAGA

...MENT FOKUS

KUNDENFREUNDLICHKEIT — ANRUFBEANTWORTER — PIKETT — HANDY — KUNDEN-WÜNSCHE

...LLUST

KUNDENORIENTIERUNG

PROZESS — QUALITÄTSVERBESSERUNG

KAIZEN — 5 min. — TÄGLICH — ZÄHNEPUTZEN

BESCHWERDEN — GRÜNDE
- UNFREUNDLICHKEIT — 72%
- PREISE — HOCH — 70%
- HILFSBEREITSCHAFT — 61%
- AUFTRAGSERFÜLLUNG SCHLAMPIG — 57%
- RECHNUNGEN — UNDURCHSICHTIG — 56%
- WARTEZEITEN LANGE — 56%

1x — 26

...5%

ERFOLGREICH

...0%

ACTION

- HINWEISE AUF FEHLLEISTUNGEN
- ANREGUNGEN ZUR BESEITIGUNG V. SCHWACHSTELLEN
- ANSTÖSSE ZUR VERÄNDERUNG D. FÜHRUNGSVERHALTENS

SELBSTBESCHÄFTIGUNG

FISCH STINKT AM KOPF ZUERST

Mitschrift eines Seminars

Wayne Dyer, ein bekannter Autor von Büchern über die Verbesserung und Erhaltung der physischen und geistigen Leistungsfähigkeit, veranstaltete vor einiger Zeit in Stockhom ein eintägiges Seminar. Dabei vermittelte er den Teilnehmern eine Zusammenfassung der Informationen aus all seinen Werken.

Tony Buzan, der Autor dieses Buches, zählte ebenfalls zu den Zuhörern und faßte die Fülle der von Dyer präsentierten Daten und Fakten im Laufe des Tages auf einer einzigen Business Mind Map® zusammen.

Wesentliche Themenbereiche sind darin unter anderem die Bedeutung des Selbstwertgefühls, Stressreduzierung sowie gesunde, harmonische und kreative Lebensführung im „hier und jetzt".

Die Zeichnung wurde auch von den anderen Teilnehmern mit großem Interesse registriert, denn vielen von Ihnen war es nicht gelungen, Dyers Thesen mit linearen Notizen komplett zu erfassen und ihren Gesamtzusammenhang zu verstehen.

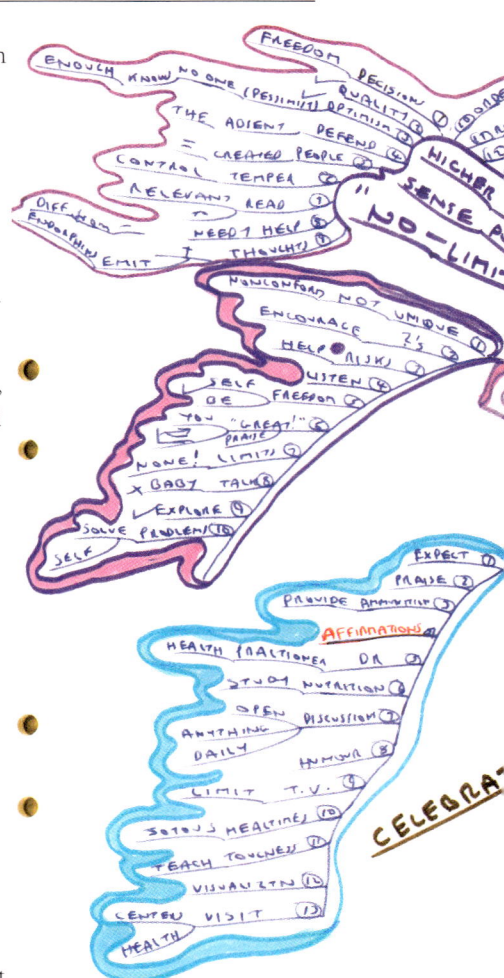

Lehrstoff mit Business
Mind Maps® wiederholen

Leo Martin unterrichtet angehende
Röntgen-Techniker in Computer-
Tomographie und setzt Business Mind
Maps® am Beginn einer neuen Stunde
dafür ein, den Lehrstoff der vorhergehenden Unterrichtseinheit zu wiederholen. Zum Abschluß eines Semesters
verwendet Martin mehrere Stunden
nur dafür, das gesamte von ihm vermittelte Wissen nochmals anhand seiner Business Mind Maps® mit den
Studenten durchzugehen.

Die Abbildung zeigt die Grund-
struktur einer seiner Business Mind
Maps®.

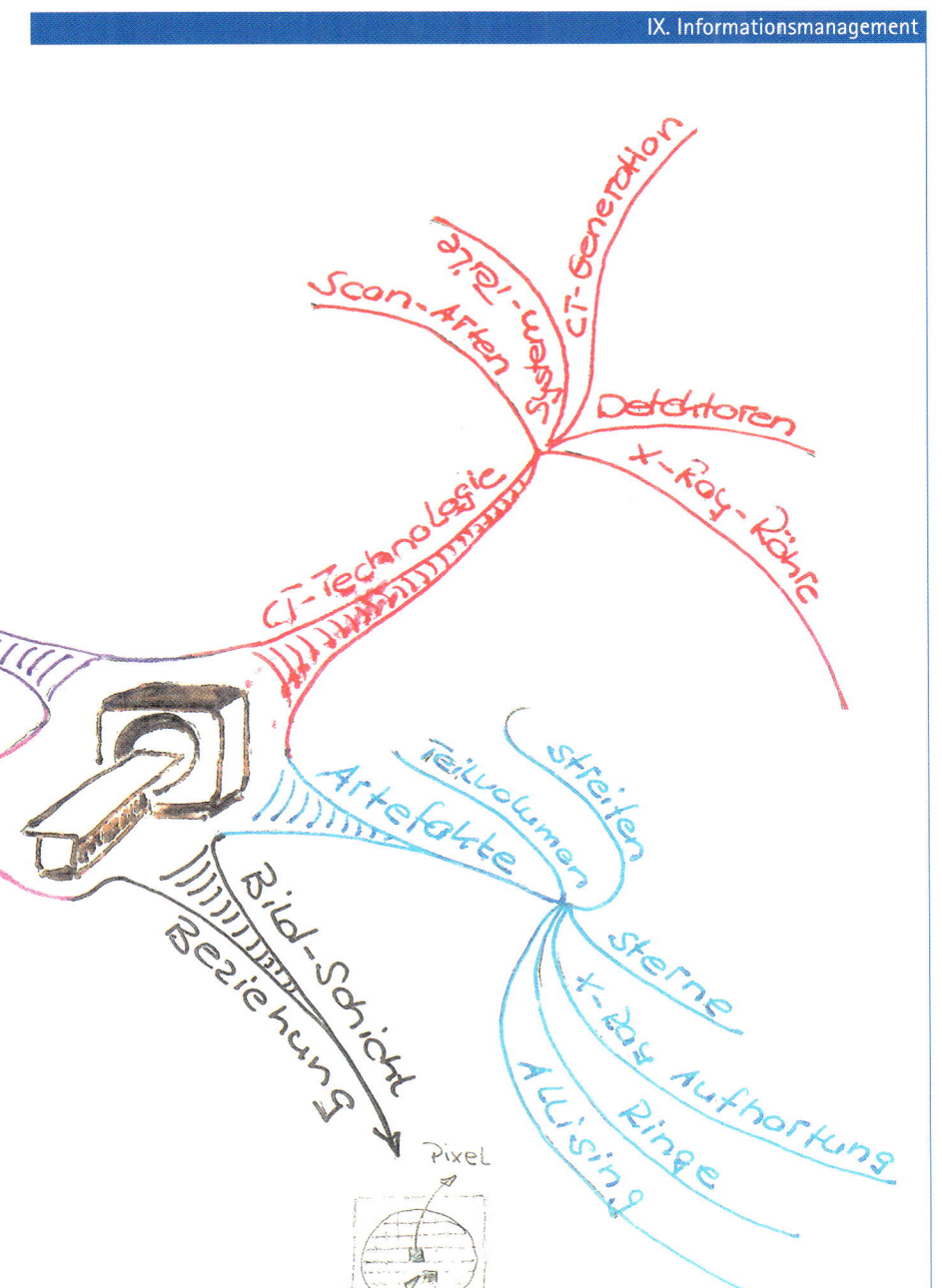

CT-Generation

System-Teile

Scan-Arten

Detektoren

X-Ray-Röhre

CT-Technologie

Artefakte

Teilvolumen

Streifen

Sterne

X-Ray Aufhortung

Ringe

Aliasing

Bild-Schicht Beziehung

Pixel

Kapitel X

REFERATE UND PRÄSENTATIONEN

Vorschau

●

In diesem Kapitel wird beschrieben, wie Sie mit
„Brain Blooms" und Business Mind Mapping®
Vorträge vorbereiten und halten können.

●

Ein Praxisbeispiel zeigt, wie Sie mit einem
Fragebogen in Form einer Business Mind Map®
Evaluationen von Referaten und Präsentationen
durchführen können.

●

Sie sehen auf einen Blick, welche Recherche-
und Übungsschritte Sie setzen sollten, um
Vorträge professionell zu gestalten.

●

Zwei Praxisbeispiele illustrieren, wie
Business Mind Maps® für Referate gestaltet und
angewandt werden können.

Vorträge halten

Zahlreiche Menschen fühlen sich nicht besonders wohl, wenn sie vor einer größeren Gruppe sprechen sollen. Business Mind Mapping® kann dabei helfen, Referate und Präsentationen zu berufsbezogenen Themen in kürzerer Zeit vorzubereiten und die Nervosität beim Reden zu verringern. Im folgenden wollen wir in 3 Teilschritten erklären, wie Sie dabei am besten vorgehen sollten.

1 Vorbereitung mit einer Brain Bloom

Sie sollten damit beginnen, eine „Brain Bloom" zum Gegenstand Ihres Referates anzufertigen. Das bedeutet, daß Sie Ihre Ideen zum zentralen Thema Ihres Vortrages auf Hauptästen und Verzweigungen erfassen, ohne sich dabei Gedanken über die Ordnung und Reihenfolge Ihrer Einfälle zu machen. Notieren Sie all Ihre „Geistesblitze".

Betrachten Sie das Thema dabei nicht nur aus Ihrer beruflichen Perspektive, sondern berücksichtigen Sie beispielsweise auch Kenntnisse, die Sie durch Ihre Hobbies gewonnen haben.

Denken Sie auch über die Interessen der Zuhörer nach. Zuletzt sollten Sie zu jedem Gedanken noch einen weiteren hinzufügen. Diese Erweiterung der Brain Bloom um eine zusätzliche Ebene ermöglicht oft einen völlig neuen Blickwinkel.

2 Business Mind Mapping®

Erst nach einer Pause – am besten, nachdem Sie alles einmal „überschlafen" haben – sollten Sie dann mit dem Prozeß des Organisierens und Redigierens Ihrer Brain Bloom anfangen. Sie können beispielsweise Leuchtstifte verwenden, um die Ideen auf Ihrer Brain Bloom in Teilbereiche des zentralen Themas einzuteilen. Empfehlenswert ist auch der Gebrauch der Software MindManager®, weil damit

Äste und Zweige auf einfache Weise nachträglich neu plaziert werden können.

Nun können Sie damit beginnen, eine Business Mind Map® Ihres Referates zu zeichnen. Dabei sollten Sie folgendes berücksichtigen:

● **Ablauf des Referates:** Für die Einleitung und den Abschluß Ihres Vortrages sollten Sie besonders interessante oder amüsante Informationen auswählen. Für den Hauptteil ordnen Sie die Teilbereiche des zentralen Themas in einer logischen Reihenfolge an.

● **Länge des Referates:** Üblicherweise entspricht ein Schlüsselwort auf einer Business Mind Map® ungefähr einer Minute Sprechzeit.

● **Zusammensetzung des Publikums:** Stimmen Sie Ihr Referat auf die Zuhörer ab. Denken Sie darüber nach, wieviele Menschen voraussichtlich anwesend sein werden und über welche Vorkenntnisse zum Thema sie wahrscheinlich verfügen werden.

● **Zusätzliche Medien:** Falls Sie Kopien verteilen, Overhead-Projektoren, Filme oder Videos einsetzen wollen, sollten Sie einplanen, wie und wann Sie diese Hilfsmittel verwenden werden.

● **Zielsetzungen:** Was wollen Sie für sich und Ihr Publikum mit dem Referat erreichen?

3 Präsentation

Mit Ihrer Business Mind Map® des Referates verfügen Sie nun über eine übersichtliche und sichere Erinnerungshilfe. Zugleich ermöglicht sie Ihnen aber auch, frei zu sprechen und sich direkt an Ihre Zuhörer zu wenden.

Den zeitlichen Ablauf Ihres Vortrages können Sie genau festlegen, indem Sie zu jedem Hauptast Beginn- und Endzeiten hinzufügen und dadurch die Redezeit für die einzelnen ‚Kapitel‘ des zentralen Themas begrenzen. Falls Ihnen für Ihren Vortrag durch äußere Umstände weniger Zeit zur Verfügung steht als vorgesehen, können Sie mit Business Mind Maps® flexibel reagieren.

Falls Sie vorhaben, Ihre Business Mind Map® während des Vortrages auch den Zuhörern zu präsentieren, sollten Sie berücksichtigen, daß die Methode vielen von ihnen wahrscheinlich noch nicht bekannt ist.

Kompliziertere Business Mind Maps® könnten deshalb für manche anfangs eine Überforderung darstellen. Zeigen Sie – beispielsweise über einen Overhead-Projektor – zunächst nur das zentrale Bild und die Hauptäste und fügen Sie weitere Details hinzu, während Sie sprechen.

Bewertung
eines Referates

Führen Sie nach Möglichkeit noch am Tag eines Referates oder einer Präsentation eine Selbstevaluation durch. Sehen Sie sich nochmals Ihre Business Mind Map® an und bewerten Sie:

● welche Bereiche Sie sehr gut präsentiert haben (dort können Sie beispielsweise ein „+"-Zeichen eintragen),

● was Sie noch verbessern könnten

● und was Sie beim nächsten Mal vermeiden sollten.

Wer öfters Referate oder Vorträge hält, sollte versuchen, Feedback von seinen Zuhörern zu bekommen. Dadurch kann die Vortragstechnik mit der Zeit immer besser an die Bedürfnisse des Publikums angepaßt werden. Ein Fragebogen in Form einer Business Mind Map® ist eine schnelle und für die Zuhörer vergnügliche Möglichkeit, die nötigen Informationen zu erhalten. Auf dieser Doppelseite sehen Sie unseren Vorschlag für ein derartiges Formular, in dem Bewertungen nach einer Skala von 0 bis 100 abgegeben werden können.

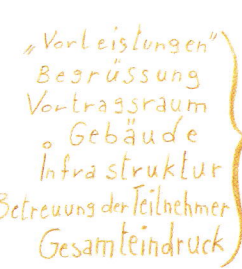

...LIEN

FRAGEBOGEN

BEWERTUNGSSKALA

VORTRAGENDER

- Kenntnisse / Wissen
- Offenheit für Fragen
- Auftreten
- Vorbereitung
- humorvoll
- Energie / Enthusiasmus
- akustisch verständlich
- mental verständlich
- Umgang mit der Gruppe
- Verwendung von Hilfsmitteln
- Zeitplanung
- Lernziele deutlich machen
- Gesamteindruck

Bitte bewerten Sie die Fähigkeiten des Vortragenden jeweils mit einer Zahl von 0 bis 100.

100%

0%

INHALT

- Aktualität / Relevanz
- praktische Umsetzbarkeit
- Lernziele erreicht
- Niveau der Darstellung
- Strukturiertheit
- Spassfaktor
- Gesamteindruck

Bitte bewerten Sie die Inhaltsqualität des Vortrags / Kurses / Seminars / Lehrgangs ... jeweils mit einer Zahl von 0 bis 100.

So werden Sie
ein Experte

Auf dieser Doppelseite sehen Sie ergänzende Informationen zur professionellen Gestaltung von Referaten und Präsentationen.

Ein zentraler Bereich dieser Business Mind Map® ist der Recherche gewidmet, die wahrscheinlich vor allem dann eine große Rolle spielen wird, wenn Sie ein Thema behandeln, das nicht direkt auf Ihr berufliches Fachgebiet Bezug nimmt. Durch gezieltes Sammeln von Daten, Fakten und Zitaten, beispielsweise aus Büchern, Zeitungen oder Videos, können Sie sich die notwendigen Informationen zur Gestaltung Ihres Referates beschaffen.

Ein weiterer Hauptast beschäftigt sich etwa mit verschiedenen Übungsmöglichkeiten, die dabei helfen sollen, mehr Sicherheit beim Vortragen zu gewinnen.

Eine Präsentation
zum Thema „Zuhören"

Auf dieser Doppelseite sehen Sie die
Zeichnung einer Business Mind Map®
nach einem englischen Original von
Vanda North, das für ein 45-minütiges
Referat über das umfangreiche Thema
„Zuhören" verfaßt wurde.

North hat die Zeichnung nicht nur für
ihren Vortrag benutzt, sondern auch
dafür, dem Publikum zum Abschluß
des Referates nochmals Punkt für
Punkt die wichtigsten Teilbereiche
und Schlüsselwörter zum zentralen
Thema vor Augen zu führen. Durch
diese Vorgangsweise ist es möglich,
die wichtigsten Informationen besser
im Gedächtnis der Zuhörer zu verankern.

Ein Vortrag über
Business Mind Mapping®

Horst Müller, als Seminarveranstalter
und Berater in Deutschland tätig, verwendet das abgebildete Konzept im
Weiterbildungsbereich als Grundlage
für Einführungsvorträge über Business
Mind Mapping®. Der Ablauf des
Referates ist detailgenau erfaßt, von
der Begrüßung über Assoziations-
übungen, die mit den Teilnehmern
durchgeführt werden, bis hin zu den
Schlußworten und dem Einholen von
Feedback. Die zeitliche Einteilung
wird auf Minuten genau durch
Angaben am Beginn jedes Hauptastes
wiedergegeben.

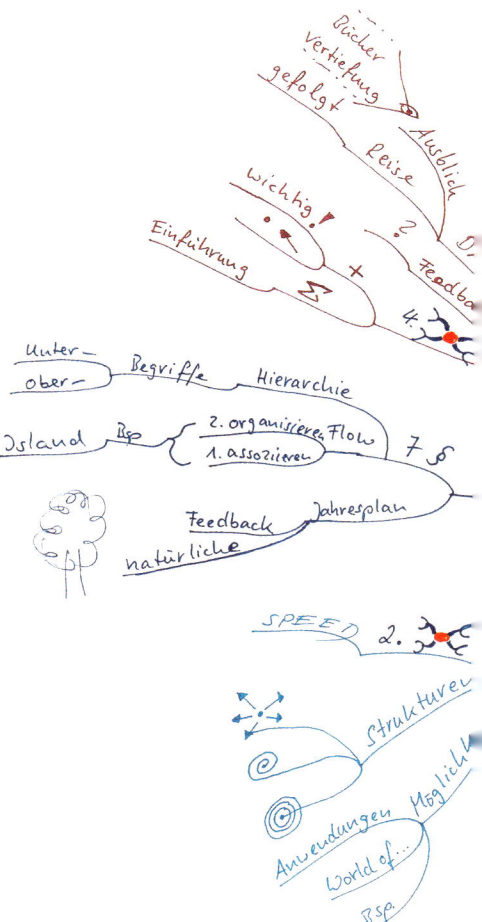

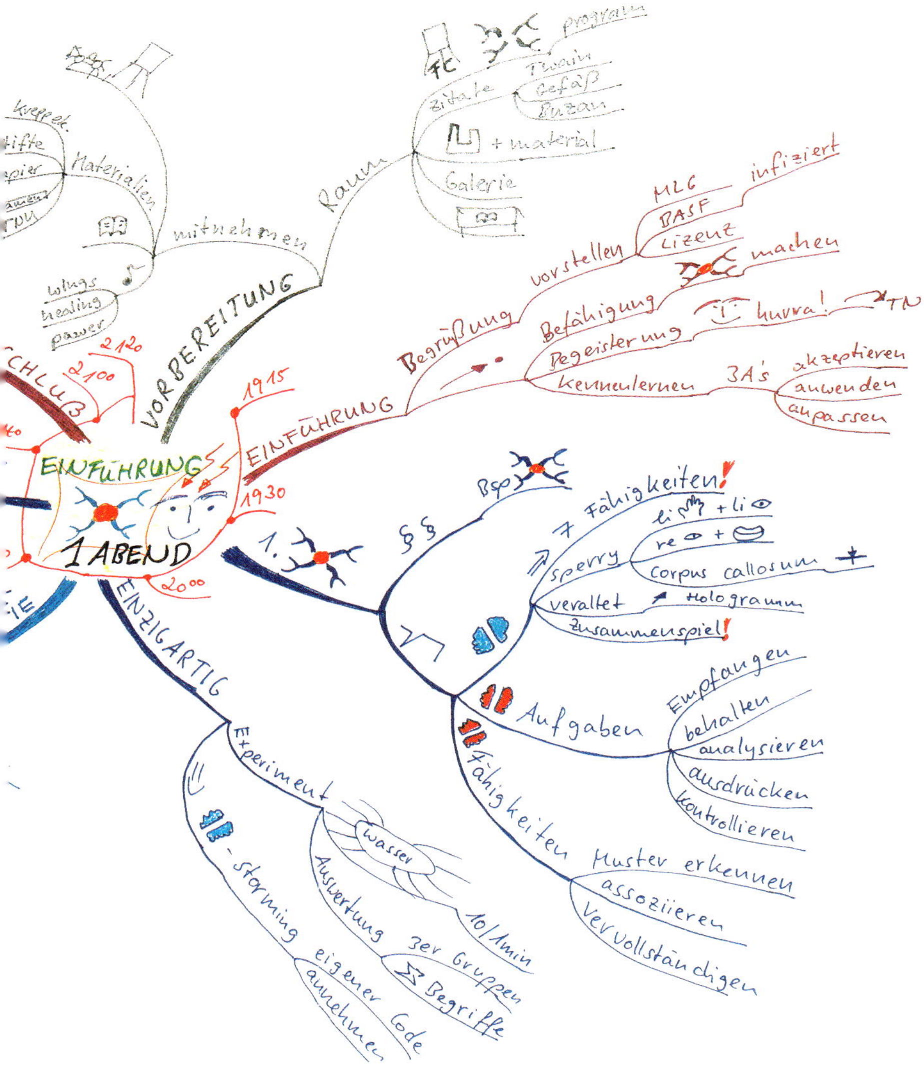
program
Twain
Zitate
Gefäß
Buzan
+ material
Galerie
Raum
Materialien
mitnehmen
wings
healing
power
VORBEREITUNG
infiziert
MLG
BASF
Lizenz
vorstellen
machen
Befähigung
hurra!
TN
Begrüßung
Begeisterung
kennenlernen
3A's
akzeptieren
anwenden
anpassen
EINFÜHRUNG
1915
21 20
21 00
SCHLUß
EINFÜHRUNG
1 ABEND
1930
20 00
Bsp
Fähigkeiten!
§§
sperry
corpus callosum
veraltet
Hologramm
Zusammenspiel!
EINZIGARTIG
Aufgaben
Empfangen
behalten
analysieren
ausdrücken
kontrollieren
Fähigkeiten
Muster erkennen
assoziieren
Vervollständigen
Experiment
wasser
10/1min
Auswertung
3er Gruppen
Begriffe
-storming
eigener Code
annehmen

Notizen für ein Referat

Mickey I-Hsin Sun ist lizensierter Trainer der Buzan Centres in Taiwan. Um Business Mind Mapping® auch in seinem Heimatland populärer zu machen, hat Sun eine „geistige Landkarte" der wesentlichen Aspekte angefertigt. Diese verwendet er als Gedächtnishilfe für Vorträge zum Thema „Wie Sie ein kreativer Denker werden können".

Der gelbe Hauptast umfaßt Fakten zur Funktionsspezialisierung der beiden Gehirnhälften. Der blaue Bereich steht symbolisch für „Wasser" und den „Beginn des Lebens". Der mit Klebeband verschlossene Mund eines Kindes soll in diesem Zusammenhang das Schulsystem veranschaulichen, so wie es Sun erlebt hat: Alles drehte sich nur darum, dem Lehrer zuzuhören und die geltenden Regeln zu befolgen.

An den Hauptast mit dem „Zylindersymbol" sind Fakten zur Funktionsweise des Gehirns und zur besseren Nutzung mentaler Kapazitäten angeschlossen. Der grüne Bereich mit einer „Glühbirne" als Symbol für gute Ideen, soll unter anderem zeigen, daß eine positive Einstellung auch das kreative geistige Potential erweitert.

Kapitel XI

UNTERNEHMEN UND PRODUKTE DARSTELLEN

Vorschau

In diesem Kapitel erfahren Sie, wie große Unternehmen Business Mind Maps® als effizientes Instrument für die Kommunikation mit Kunden und Mitarbeitern einsetzen.

Ein Praxisbeispiel illustriert, wie eine amerikanische Softwarefirma ihre Serviceleistungen präsentiert.

Eine Business Mind Map® von Fujitsu zeigt die Verwendung von Business Mind Maps® in Broschüren.

Anhand eines französischen Versicherungsunternehmens wird veranschaulicht, wie die Technik zur Erfassung eines einzelnen Produktes eingesetzt wird.

●

Zwei ARTmaps® aus der Schweiz zeigen Anwendungen im Aus- und Weiterbildungsbereich.

Corporate Identity

Immer mehr große Unternehmen wenden Business Mind Mapping® nicht nur für interne Aufgaben an, sondern auch für die Kommunikation nach außen. Denn ein wichtiger Punkt beim Verkaufen von Produkten oder der Erklärung der Strategie eines Gesamtunternehmens ist es, daß die entsprechenden Konzepte klar vermittelt werden können. Business Mind Maps® können ein hervorragendes Hilfsmittel dafür sein, komplizierte Erklärungsmodelle zu vereinfachen.

Falls Sie selbst Business Mind Maps® Ihrer Produkte oder der Strategie Ihres Gesamtunternehmens anfertigen wollen, sollten Sie daran denken, alles so weit wie möglich zu vereinfachen. Verwenden Sie Bilder und andere sensorische Eindrücke, um Ihre Erklärungen für andere leichter erfaßbar zu machen.

Das abgebildete Praxisbeispiel wurde von Terry Moore für STS International, einen amerikanischen Produzenten von Software und Datenbanken für Gesundheitseinrichtungen, angefertigt. STS verwendet es für Einschulungen bei einem seiner Kunden, der Home Health Agency (HHA). Die Business Mind Map® gibt den bei der HHA

beschäftigten Hauskrankenpflegern und -pflegerinnen rasch einen Überblick über die Dienstleistungen von STS. Ein wichtiger Bereich ist etwa das Angebot technischer und fachlicher Unterstützung bei Problemen. Ein weiterer wesentlicher Aspekt wird

durch die Skizze des Parlaments-
gebäudes in Washington veranschaulicht. STS garantiert der Home Health
Agency nämlich dafür, daß die kom-
plizierten – von den HHA-Ange-
stellten auszufüllenden – „OASIS"-
Formulare überprüft und in korrekter
Form an die nationalen Gesundheits-
behörden weitergeleitet werden.

Durch den Gebrauch von Business
Mind Mapping® ist es STS gelungen,
seine Einschulungen um mehr als die
Hälfte zu verkürzen.

Business Mind Maps®
in Broschüren

Zahlreiche Unternehmen setzen Business Mind Maps® auch schon in ihren Broschüren ein. Dazu zählen beispielsweise der Liechtenstein Global Trust, der die Technik in seinen Jahresberichten verwendet oder der Fujitsu-Konzern.

Die Anwendung der neuen Methode ermöglicht es, bei den Kunden einen Überraschungseffekt zu erzielen und zugleich Sachverhalte gut verständlich darzustellen.

Das abgebildete Praxisbeispiel war Teil einer Broschüre des Fujitsu Europe Telecom R & D Centres Ltd. Die Hauptäste zeigen die wichtigsten Charakteristika und Aufgaben des Zentrums, als Abschluß werden die Zusammenhänge mit der Struktur des Gesamtunternehmens veranschaulicht. Einzelne Zweige zeigen die Aktivitäten in detaillierterer Form.

Die Business Mind Map® wurde von Lady Mary Tovey auf Wunsch des Generaldirektors des Fujitsu-Forschungs- und Entwicklungszentrums angefertigt. Beiträge zur Gestaltung kamen von den Managern der einzelnen Abteilungen sowie vom Vorstandsvorsitzenden, Sir Brian Tovey.

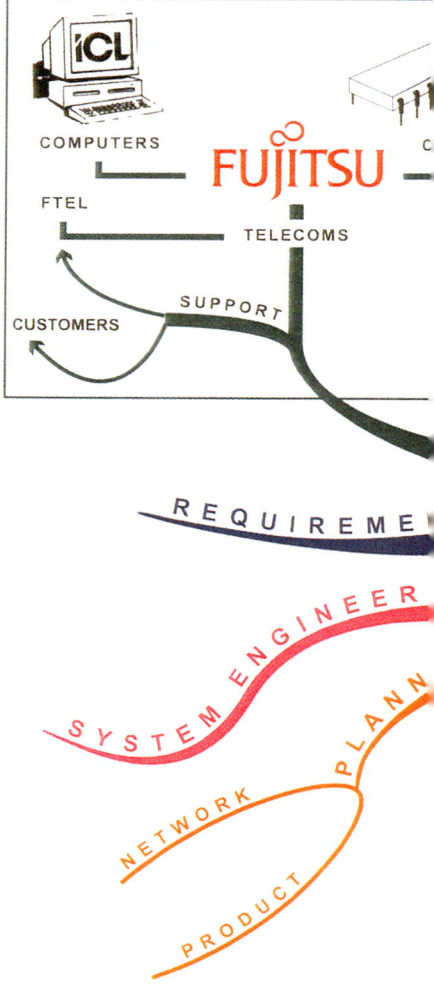

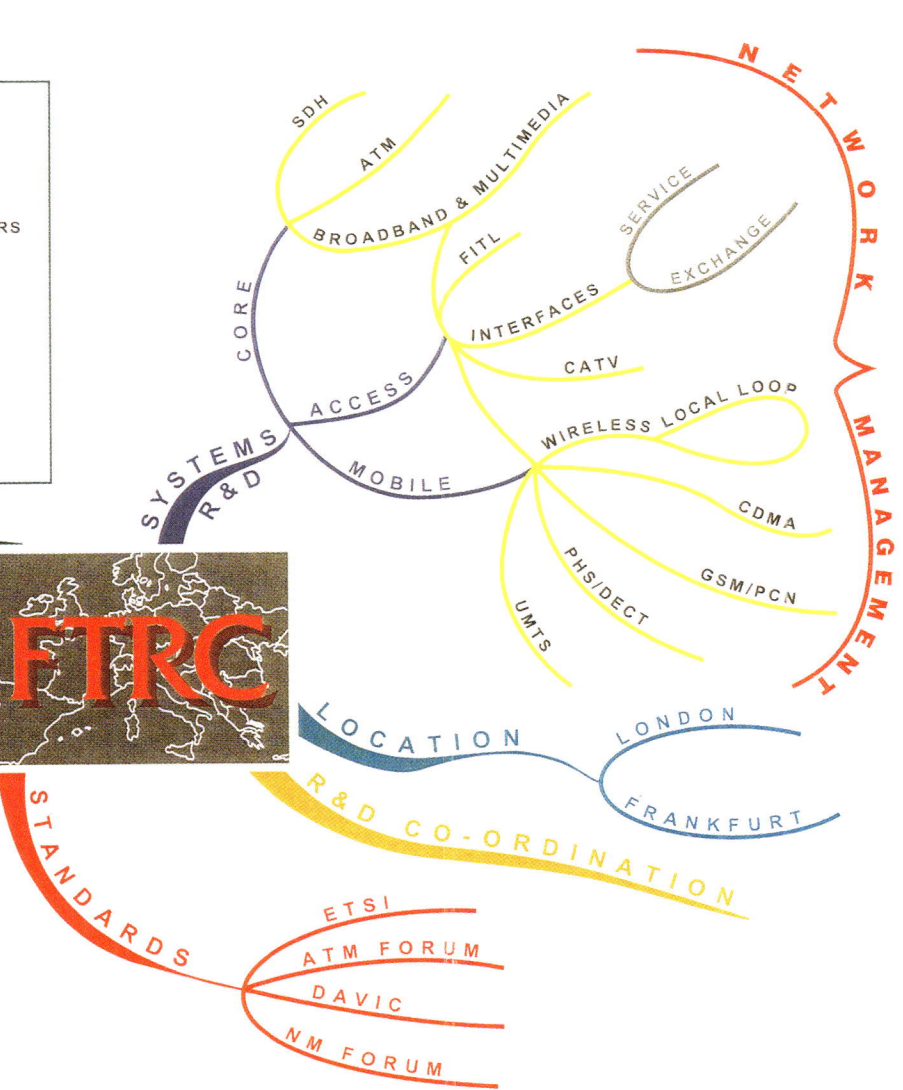

Ein Versicherungsprodukt übersichtlich darstellen

La Fédération Continentale ist ein Versicherungsunternehmen der Groupe Generali, das auf Lebensversicherungen spezialisiert ist und zuletzt Jahresumsätze von rund sieben Milliarden französischen Francs erzielte. Die abgebildete Business Mind Map® wurde von Frédéric Le Bihan gemeinsam mit zwei weiteren Mitarbeitern der Fédération Continentale entwickelt, um ein neues Versicherungsprodukt zu veranschaulichen.

Die Darstellung wurde von dem französischen Business Mind Mapping®-Team so gestaltet, daß sie sowohl für interne Einschulungen verwendet werden kann als auch dafür, Versicherungsbrokern eine Zusammenfassung zu geben. „Die Einschulungszeit für neue Mitarbeiter der Verkaufsabteilung konnte für dieses Produkt um fünfzig Prozent reduziert werden", meint Frédéric Le Bihan.

Mit der Business Mind Map® wird die relativ komplizierte Versicherungsleistung einfach und vollständig dargestellt. Nicht zuletzt kann sie auch von Versicherungsbrokern problemlos wiederverwendet werden, um das Produkt den eigenen Kunden zu erklären.

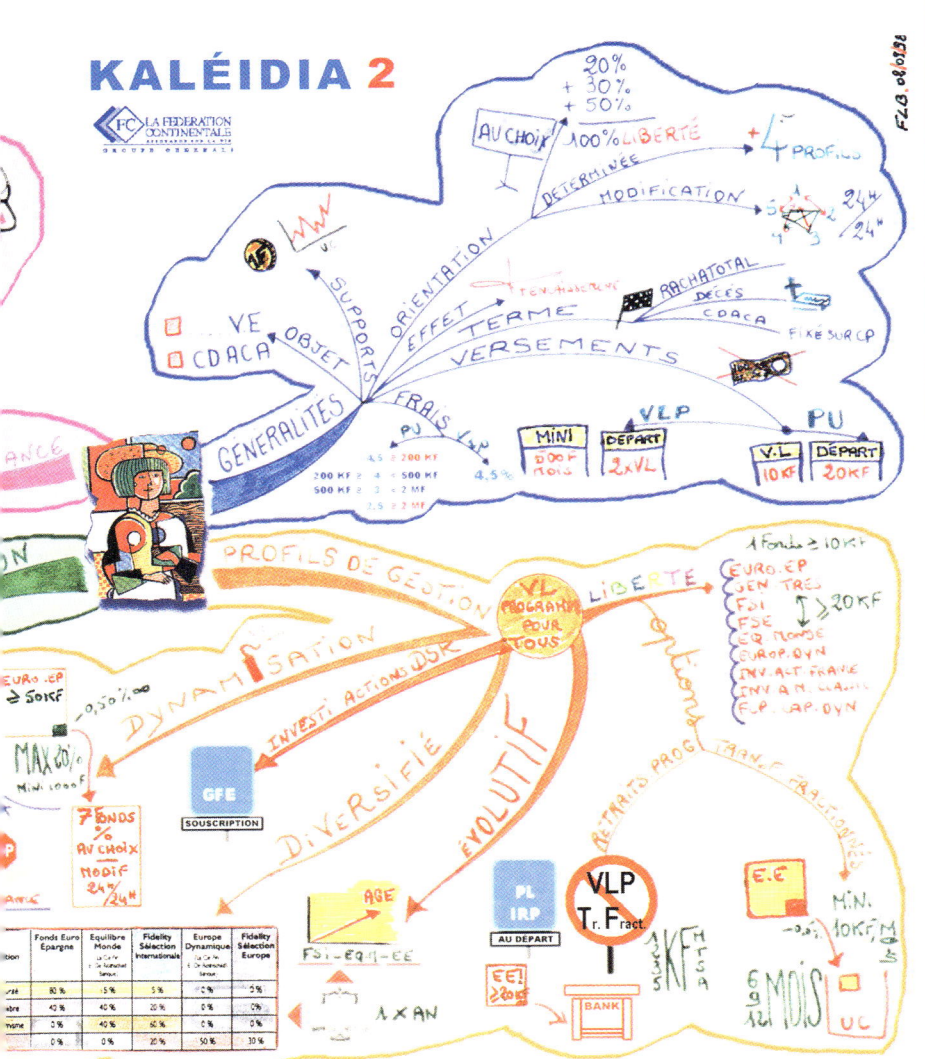

Ergonomische Kommunikation

Business Mind Maps® können auch dafür verwendet werden, Strategien für ein Gesamtunternehmen oder einzelne Abteilungen effizient und damit auch „ergonomisch richtig" festzuhalten. Der Chemiekonzern Roche hat ein unternehmensinternes Konzept für den Bereich Aus- und Weiterbildung in Form einer künstlerisch gestalteten ARTmap® erfassen lassen, die von der Schweizer ergocom ag erstellt wurde.

In der ARTmap® sind unter anderem die Bereiche Ausbildungsmöglichkeiten und Weiterbildungsangebot dargestellt. Ein weiterer wichtiger Aspekt sind die Eigeninitiative und Selbstverantwortung der Mitarbeiter als zentrale Voraussetzungen für effiziente Arbeitsprozesse.

„Durch die Gestaltung von Business Mind Maps® in einem kollektiven Prozeß werden Ansichten nicht nur abstrakt diskutiert, sondern auch wahrnehmbar gemacht. Auf diese Weise entsteht ein breiterer Konsens, als wenn die Vorstellungen einzelner Manager und Mitarbeiter nur schriftlich erfaßt werden", meint Claudis P. Borer, Geschäftsführer von ergocom.

Selbstdarstellung eines Trainingsinstitutes

Das Herrmann-Institut in Fulda, Deutschland, ist der offizielle Repräsentant der Ned Herrmann Group im deutschsprachigen Raum. Ziel des Institutes ist es, das sogenannte „Herrmann Dominanz Instrument" (H.D.I.) in Seminaren und Ausbildungen zum H.D.I.-Trainer zu vermitteln.

Die Grundlagen des erwähnten Konzeptes sind Erkenntnisse des Amerikaners Ned Herrmann über bestimmte, für jeden Menschen typische Denk- und Verhaltensstile und deren Auswirkungen auf die Führungspraxis.

Zur Selbstdarstellung des Unternehmens verwendet das Herrmann Institut eine Business Mind Map®, die – wiederum von der Schweizer ergocom AG – in Form einer ARTmap® gestaltet wurde.

Ein wesentlicher Bereich der künstlerisch gestalteten Business Mind Map® ist beispielsweise die Anwendung des Herrmann Dominanz Instrumentes in der Trainingspraxis. Im einzelnen wird beispielsweise der Gebrauch eines Fragebogens veranschaulicht, mit dem die Kunden die für sie typischen Denk- und Verhaltensstile bestimmen können.

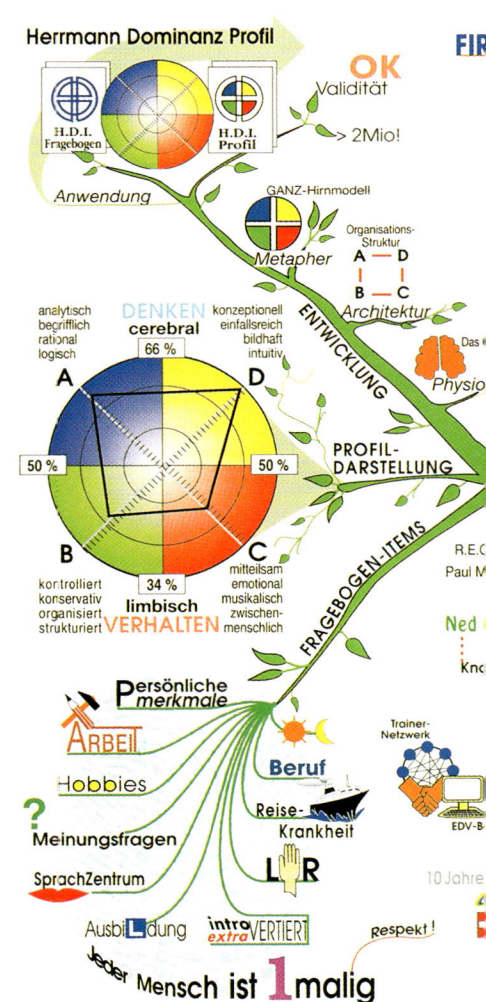

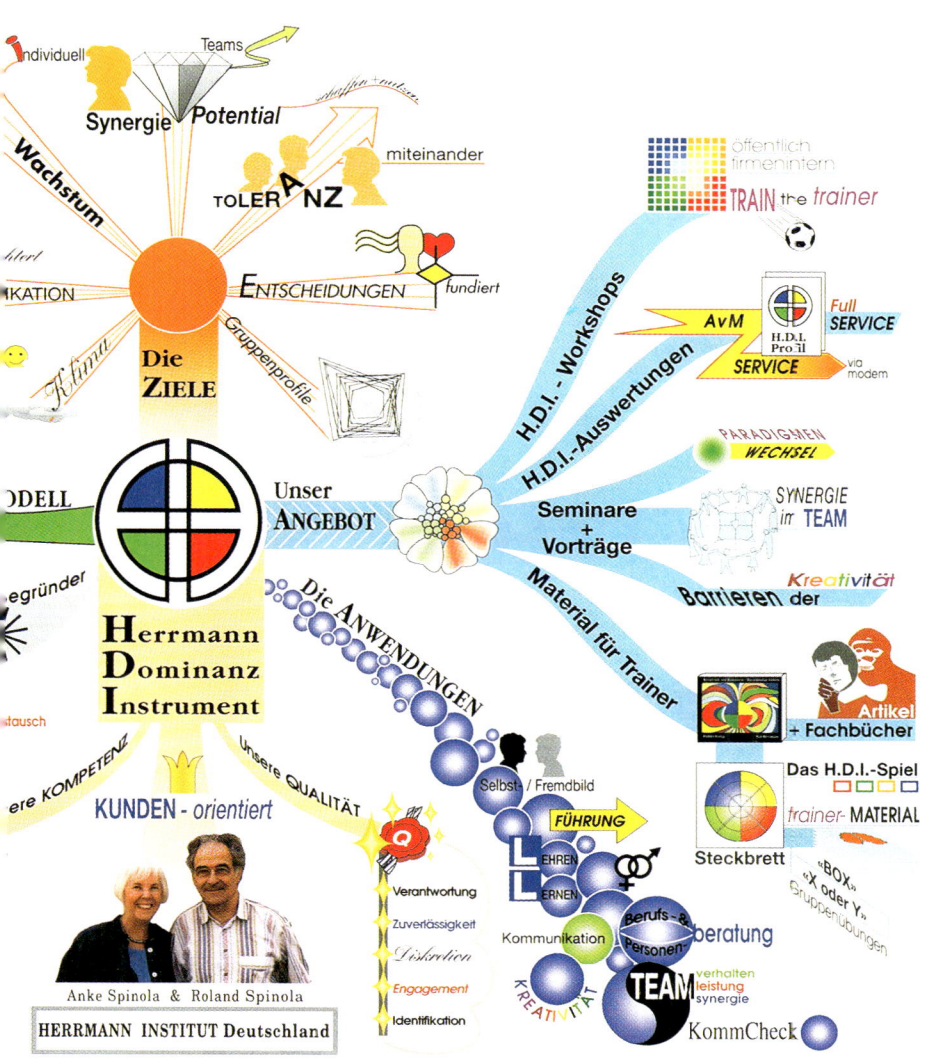

Kapitel XII

KREATIVES DENKEN

Vorschau

●

In diesem Kapitel wird erklärt, wie Sie kreative und innovative Ideen entwickeln können.

●

Ein Beispiel illustriert, wie Business Mind Mapping® den Anstoß zur Gründung eines neuen Unternehmens gab.

●

Anhand des Mineralölkonzerns Burmah sehen Sie, wie die Strategie eines ganzen Unternehmens verändert und in einer Business Mind Map® dargestellt werden kann.

●

Die Unternehmensphilosophie der Buzan Centres wird präsentiert.

●

Abschließend zeigt Ihnen ein Rückblick, wie Sie durch Business Mind Mapping® inzwischen Ihre geistigen Fähigkeiten besser nutzen.

Neue Ideen entwickeln

I n den vorhergehenden Kapiteln dieses Buches wurde unter anderem beschrieben, wie Sie mit Business Mind Mapping® Entscheidungen treffen und Probleme lösen können. Sie haben gesehen, wie Sie Meetings planen, Referate halten oder Produkte darstellen können und Praxisbeispiele aus den Bereichen Management und Informationsmanagement wurden präsentiert.

Im abschließenden Kapitel soll skizziert werden, wie Sie mit dieser Methode kreativ und innovativ denken können, was in diesem Zusammenhang als das Schaffen von Konzepten für ein völlig neues Produkt oder wesentliche Veränderungen von Bestehendem verstanden werden soll. Business Mind Mapping® erleichtert derartige Prozesse durch seine zahlreichen Differenzierungsmöglichkeiten für Gedanken. Zugleich ermöglicht es auch, neue, bislang nicht offensichtliche Zusammenhänge zwischen Einzelinformationen zu erkennen.

Kennzeichnen Sie jene Informationen in einer Brain Bloom, die eine neue Sichtweise auf ein bestimmtes Thema ermöglichen könnten.

Zur Entwicklung von innovativen und kreativen Ideen können Sie die folgende Vorgangsweise anwenden:

1 Diesmal wollen wir mit einer Vorstellung beginnen. Denken Sie an den Unterschied, den es für einen Reisenden macht, ob er sich die Welt bei seiner Abfahrt als „flach" oder „kugelförmig" vorstellt.

2 Fertigen Sie zunächst eine „Brain Bloom" zu dem zentralen Thema an, mit dem Sie sich auseinandersetzen wollen. Achten Sie darauf, ein stimulierendes zentrales Bild zu zeichnen, und erfassen Sie all Ihre Ideen, ohne auf die Ordnung oder Reihenfolge zu achten. Fügen Sie soviele Gedankenebenen wie möglich hinzu.

3 Nach einer Pause können Sie sich Ihre Brain Bloom daraufhin ansehen, ob sich unterschiedliche Schlüsselwörter auf dasselbe Thema oder Konzept beziehen. Kennzeichnen Sie diese Informationen durch Unterstreichen und stellen Sie durch Verbindungslinien Zusammenhänge her.

4 Jetzt können Sie nochmals über die von Ihnen bereits hervorgehobenen Daten und Fakten nachdenken. Lassen sich diese zu einem neuen Konzept für das zentrale Thema zusammenfassen? Benutzen Sie weitere Kennzeichnungsvorgänge wie das Übermalen mit Leuchtstiften oder zwei- und dreidimensionale Rahmen, um schließlich die zentralen Informationen für eine mögliche, völlig neue Sicht auf den Gegenstand Ihrer Brain Bloom zu bestimmen.

5 Mit dem Input aus Ihrer ersten Brain Bloom können Sie jetzt eine weitere Brain Bloom oder eine Business Mind Map® zeichnen, die ein neues zentrales Thema hat Ihre soeben entwickelten kreativen oder innovativen Ideen zu einem bestimmten Gegenstand.

Fertigen Sie eine weitere Brain Bloom oder eine Business Mind Map® an, um Ihre kreativen oder innovativen Ideen auszuarbeiten.

Eine „denkende Organisation" kreieren

Rikki Hunt ist der erfolgreiche Managing Director des Mineralöl-konzerns Burmah Petroleum Fuels Ltd. Als er seinen Posten vor einigen Jahren angetreten hat, benutzte er die Business Mind Mapping®-Methode, um seine neue Unternehmensstrategie an alle Mitarbeiter zu vermitteln.

Hunt hat seinen innovativen Ansatz für das Gesamtunternehmen „C.A.T.O." benannt, was für „Creating A Thinking Organisation" steht. Dieses organische Firmenkonzept findet in Business Mind Mapping® die adäquate Darstellungsform. Hunts Strategie brachte nicht nur wachsende Profite für Burmah, sondern wurde auch von den meisten Mitarbeitern als Modell, das ihnen mehr persönliche Entfaltungsmöglichkeiten brachte, erlebt.

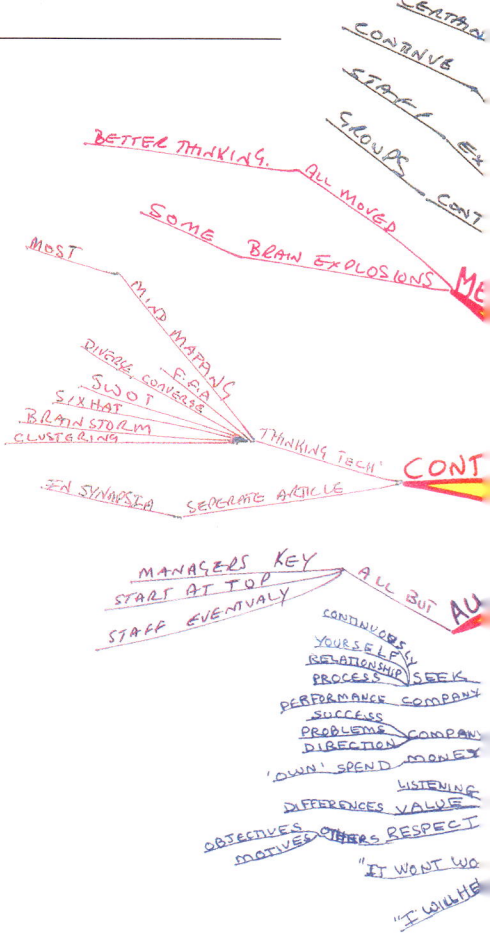

Ein neues Unternehmen

Die Firma MindJET, LLC, mit Sitz in San Francisco, kann als Beispiel dafür verwendet werden, wie kreatives Denken mit Business Mind Mapping® zur Entstehung eines neuen Unternehmens geführt hat.

Als Bettina Jetter und ihr Ehemann Michael die Methode vor einiger Zeit kennenlernten, waren sie davon begeistert, wie sie mit ihr Projekte planen und organisieren sowie das kreative Denken anregen konnten. Da beide im Hightech-Bereich tätig waren, suchten sie nach einer Möglichkeit, Business Mind Maps® auch am Computer anzufertigen.

„Es gab zwar schon einige Programme, doch unserer Ansicht nach entsprachen sie den Grundprinzipien der Business Mind Mapping®-Methode nicht ausreichend und waren in der Anwendung zu kompliziert", erinnert sich Bettina Jetter. Da das Ehepaar jedoch davon überzeugt war, daß Software für Business Mind Mapping® auch besser gemacht werden könnte, gründeten Bettina und Michael Jetter die Firma MindJET. Ein Unternehmen, das heute für sein Programm MindManager® weltweit 37.000 Kunden hat.

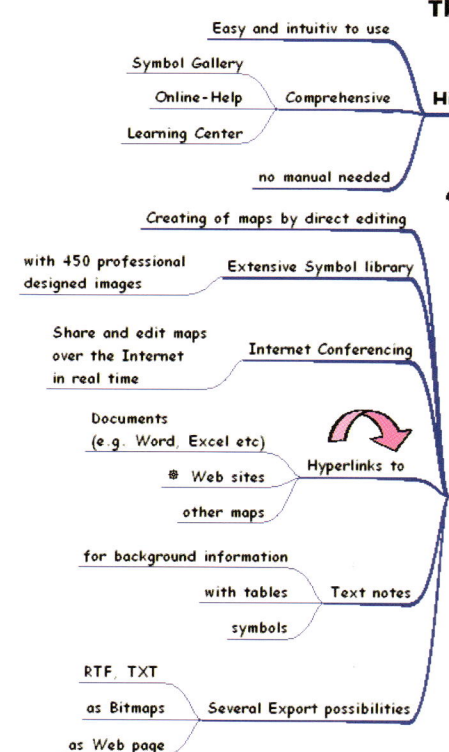

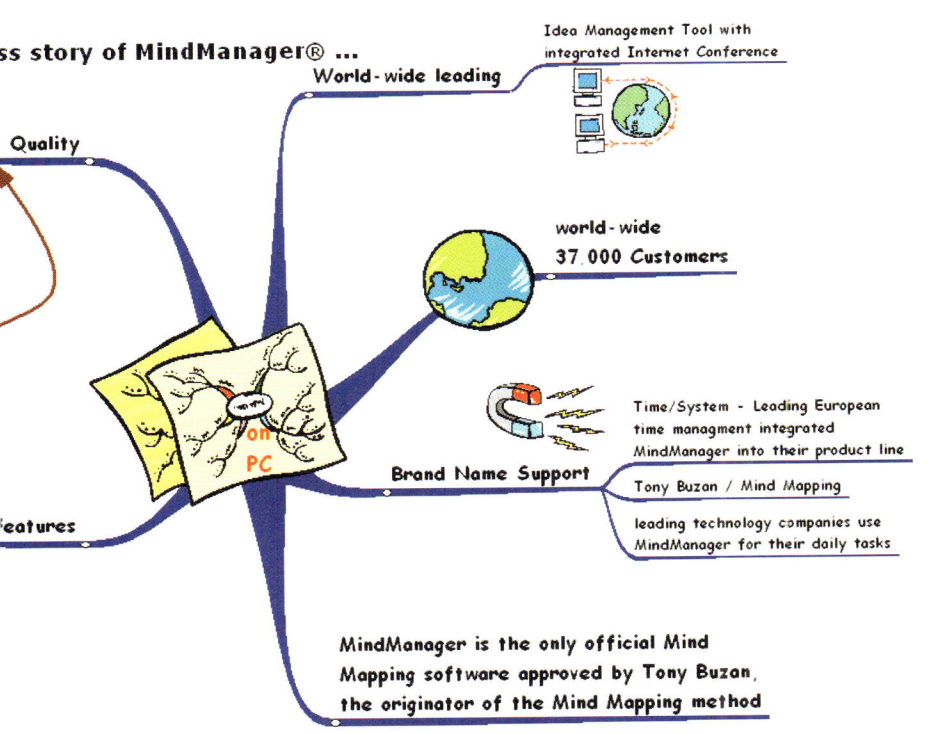

ss story of MindManager® ...

World-wide leading

Idea Management Tool with integrated Internet Conference

Quality

world-wide
37.000 Customers

Time/System - Leading European time managment integrated MindManager into their product line

Tony Buzan / Mind Mapping

leading technology companies use MindManager for their daily tasks

Brand Name Support

Features

MindManager is the only official Mind Mapping software approved by Tony Buzan, the originator of the Mind Mapping method

Die Unternehmensphilosophie der Buzan Centres

Die abgebildete Business Mind Map® zeigt die Prinzipien für den Betrieb der Buzan Centres in aller Welt. Ein wesentliches Thema ist die Verbreitung der grundlegenden Kenntnisse zur besseren Nutzung der natürlichen Fähigkeiten des Gehirns. Deshalb ist die Vermittlung von „Mental Literacy" – also sozusagen der „geistigen Alphabetisierung" – als eines der wichtigsten Unternehmensziele in der Business Mind Map® erfaßt. In unserem Zeitalter des wachsenden Informationsangebotes, kann speziell diese Fähigkeit für jeden einzelnen von größtem Nutzen sein. Die weiteren Prinzipien veranschaulichen, daß die Vermittlung von neuen Management- und Lerntechniken von den Buzan Centres in einem ganzheitlichen Zusammenhang gesehen werden.

Die Präsentation der Unternehmensphilosophie in Form einer Business Mind Map® hat sich für die Buzan Centres auch deshalb bewährt, weil die meisten Besucher schon bald nach Erklärungen zu dieser fragen. – Ein guter Beginn, um sie in der Folge mit der Business Mind Mapping®-Technik vertraut zu machen.

MENTAL LITERACY

HOPE ENCOURAGEMENT

ENTHUSIASM

SPREAD JOY

BASED UPON THE FULL REALISATION OF WHAT IT IS TO BE HUMAN ①

PRINCIPLES

PRODUCTIVITY ATMOSPHERE WELCOME! SAFE CLEAN FUN

IMPROVE

RESOURCES

TEAM

USE MAXIM

LEARN PERSONAL LIFE-LONG GROWTH T.E.F.C.A.S. APPLY

EXCELL

PRODUCT TEACHING SERVICE BUSINESS

VALUE BEST APPRECIATE

© V N 97

Rückblick

Nachdem Sie nun selbst gelernt haben, Business Mind Maps® zu lesen und anzufertigen, und nachdem Sie zahlreiche Anwendungsmöglichkeiten und Praxisbeispiele gesehen haben, sollten Sie nochmals an den Beginn dieses Buches zurückdenken:

● An Ihre persönlichen Probleme bei geistigen Aktivitäten, die Sie notiert haben.

● An Ihre Zukunftsziele, die Sie sich für den effizienteren Gebrauch Ihres Gehirns gesteckt haben.

● An die laut Befragungen bei zahlreichen Menschen verbreiteten Probleme bei mentalen Aktivitäten.

● An die Fragen danach, ob Sie jemals Unterricht im „richtigen Denken" hatten.

Jetzt, nachdem Sie dieses Buch gelesen haben, können Sie all diese Fragen mit „ja" beantworten!

Mit Business Mind Mapping® steht Ihnen nun eine Methode zur Verfügung, mit der Sie zahlreiche geistige Betätigungen besser und schneller ausführen können. Benutzen Sie Business Mind Maps® bei möglichst vielen Gelegenheiten in Ihrem Berufs- und Privatleben dafür, Ihre Gedanken klar, übersichtlich und effizient zu erfassen.

Literaturhinweise

Buzan, Tony:
**Kopftraining. Anleitung zum
kreativen Denken.**
Goldmann Taschenbuch, 1995

Buzan, Tony:
**Nichts vergessen! Kopftraining
für ein Supergedächtnis.**
Goldmann Taschenbuch, 1995

Buzan, Tony:
**Speed Reading. Schneller lesen –
mehr verstehen – besser behalten.**
mvg, 1998

Buzan, Tony / Buzan, Barry:
Das Mind-Map-Buch.
mvg, 1998

Buzan, Tony / Israel, Richard:
**Brain Selling,
Kopftraining für Verkäufer.**
mvg, 1996

Buzan, Tony / North, Vanda:
**Mind Mapping® – Der Weg zu
Ihrem persönlichen Erfolg.**
hpt-Verlag, 1997

Buzan, Tony / North, Vanda:
**Mind Mapping® – Der Schlüssel zu
deinem Lernerfolg.**
hpt-Verlag, 1997

Buzan, Tony / Stanek, Wolfram:
**Memory Power.
Die Gebrauchsanweisung
für Ihr Gehirn.**
Augustus, 1998

Feichtenberger, Claudia:
Mind Mapping® für Kinder.
hpt-Verlag, 1996

Herrmann, Ned:
**Das Ganzhirn-Konzept
für Führungskräfte.
Welcher Quadrant dominiert Sie
und Ihre Organisation.**
Wirtschaftsverlag Ueberreuter, 1997

Die Business Mind Mapping® Software „MindManager®" erhalten Sie bei:

MindJET, LLC
1505 Bridgeway, Suite 202, Sausalito, CA 94965 USA
Tel. 001-415-332 68 08, Fax 001-415-680 16 77, www.mindmanager.com

BUZAN CENTRES
VERWERTEN SIE IHR GEISTIGES KAPITAL

Nutzen Sie unser Angebot an

- Seminaren in Unternehmen,
- Business Mind Mapping®-Zertifikaten,
- Lizenzen für Firmen und Wirtschaftstrainer,
- öffentlichen Business Mind Mapping®-Einschulungen
- und Lernseminaren.

*Wir sind die einzige Organisation, die Lizenzen für den Gebrauch von Mind Mapping®
und ähnlichen Warenzeichen vergeben darf. Fordern Sie bitte unsere Broschüre an, falls
Sie an näheren Informationen zu unseren Seminaren sowie über unser Angebot an
Büchern, Software, Audio- und Video-Bändern und Hilfsmaterialien für Business Mind
Mapping® interessiert sind.*

Kontakt: Buzan Centres Ltd., 54 Parkstone Road, Poole, Dorset, BH15 2PG, UK
Tel. 0044/(0)1202/67 46 76, Fax 0044/(0)1202/67 47 76
E-Mail: buzan@Mind-Map.com, Internet: http://www.buzan.co.uk

Machen Sie heute noch mehr aus Ihren geistigen Fähigkeiten.

Ansprechpartner im deutschen Sprachraum:

BUZAN CENTRES Austria
Peter Capek
A -1010 Wien, Trattnerhof 2
Tel:+43-1-533 70 15, Fax: +43-1-869 77 06,
www.capek.com

MB-Seminare
Maria Beyer
D – 24118 Kiel, Fichtestraße 21
Tel: +49-431-83301, Fax: +49-431-83334
www.mb-seminare.de

Ergocom AG
Claudius P. Borer
CH – 6330 Cham, Bergackerstraße 23
Tel: +41-41-780 51 30
Fax: +41-41-780 51 38

Öst. Institut für Gedächtnistraining
Hubert Krenn
A – 1040 Wien, Wiedner Hauptstraße 64
Tel: +43-1-585 34 72, Fax: +43-1-585 04 83
www.memoriade.org